KB202605

그리스도인의 삶

그리스도인의 삶

초판 1쇄 발행 2024년 4월 1일
지은이   김 만 홍
펴낸이   김 만 홍
펴낸곳   도서출판 예지
주소   인천광역시 서구 원당대로 840번길 21, 825동 1402호
전화   010-2393-9191
등록   2005. 5. 12. 제 387-2005-10호
ⓒ 김만홍 2024
가격 : 12,000원
ISBN : 978-89-93387-47-6 03230

그리스도인의 삶

김만홍

예지

목차

행복한 삶

1. 인간이 열심히 일하며 살아가는 이유가 무엇일까요?

- 일차적으로 돈을 벌기 위해서 열심히 일합니다.

2. 인간은 왜 돈을 벌어야 할까요?

- 우리의 삶에 돈을 사용하고 지출할 곳이 많기 때문입니다.

3. 인간이 살아가는 삶의 목적이 무엇일까요?

- 인간은 먹고사는 것보다 행복이 삶의 목적입니다.

4. 인간의 행복은 어디에서 올까요?

- 창조주 하나님과의 관계와 모든 인간관계에서 행복이 옵니다.

5. 성경의 가장 큰 계명은 무엇일까요?

- 하나님을 사랑하고 이웃을 자신처럼 사랑하는 것입니다.

(마 22:37-40).

6. 인간이 하나님과 다른 사람을 사랑해야 하는 이유가 무엇일까요?

- 하나님이 먼저 우리를 사랑하셨기 때문입니다. 사랑의 결정적인 증거는 십자가 사랑입니다.

> "하나님의 사랑이 우리에게 이렇게 나타난 바 되었으니 하나님이 자기의 독생자를 세상에 보내심은 그로 말미암아 우리를 살리려 하심이라 사랑은 여기 있으니 우리가 하나님을 사랑한 것이 아니요 하나님이 우리를 사랑하사 우리 죄를 속하기 위하여 화목 제물로 그 아들을 보내셨음이라 사랑하는 자들아 하나님이 이같이 우리를 사랑하셨은즉 우리도 서로 사랑하는 것이 마땅하도다"(요일 4:9-10)

7. 인간이 사랑을 실천할 수 있는 이유는 무엇일까요?

- 우리가 하나님의 사랑을 받았기 때문입니다.

> "우리가 사랑함은 그가 먼저 우리를 사랑하셨음이라"(요일 4:19)
> "그가 우리를 위하여 목숨을 버리셨으니 우리가 이로써 사랑을 알고 우리도 형제들을 위하여 목숨을 버리는 것이 마땅하니라"(요일 3:16)

8. 인간의 본분이란 무엇일까요?

- 인간이 하나님을 경외하고 그분의 명령을 지키는 것입니다.

여기서 경외란 두렵고 떨림으로 하나님을 섬기는 것입니다.

우리가 하나님을 경외할 때 하나님의 모든 명령을 지킬 수 있습니다.

인간은 하나님을 경외하며 살아가도록 창조되었습니다.

"일의 결국을 다 들었으니 하나님을 경외하고 그의 명령들을 지킬지어다 이것이 모든 사람의 본분이니라"(전 12:13)

9. 인간이 하나님을 경외하고 모든 명령을 지켜야 할 이유가 무엇일까요?

- 하나님은 인간의 모든 행위와 모든 은밀한 일을 선악 간에 심판하시기 때문입니다.

"하나님은 모든 행위와 모든 은밀한 일을 선악 간에 심판하시리라"(전 12:14)

최후의 심판은 두 가지,
하나님을 믿지 않고 살아가는 모든 사람을 지옥으로 보내는 심판과
이미 구원받은 사람이 하나님을 위해 행한 선한 일을 보상해주는
올림픽 시상대와 같은 심판이 있습니다.
그러므로 구원받고 하나님을 위해서 열심히 일한 사람은
영원한 상급을 받습니다.

10. 인간의 행복이란 무엇일까요?

- 인간을 창조하신 하나님과 삶의 주인이신 예수님과의 관계에서
오는 삶의 질이 행복입니다.

죄

사람이 특별한 이유는 하나님의 형상대로 창조되어 하나님의 형상을 보유하고 있기 때문입니다. 사람이 가진 형상은 외적인 형상이 아니라 내적인 형상이기 때문에 사람은 하나님의 내면을 닮았습니다. 하나님께서 인격적인 분이시기 때문에 우리 사람도 인격적인 존재로 창조되었습니다. 그러므로 하나님과 사람은 서로 통하고 서로 사랑할 수 있습니다. 인격적인 관계 가운데 사랑의 교제를 나눌 수 있습니다. 하나님은 사람에게 당신의 사랑에 반응할 수 있는 독특한 능력을 주셨습니다. 하지만 사람들이 죄를 지음으로 하나님과의 관계가 깨어지고 멀어졌습니다.

그렇다면 죄란 무엇일까요?

1. 죄란 하나님의 창조 목적을 떠나서 자기 마음대로 사는 것입니다.

하나님이 인간을 처음 창조하실 때 분명한 목적이 있어서 창조하셨습니다. 마치 사람들이 무엇인가를 만들 때 목적이 있어서 만드는 것처럼 하나님께서도 분명한 목적이 있어서 인간을 만드셨습니다. 사람이 만든 수많은 물건 중에 목적 없이 우연히 존재하는 것은 없습니다. 옷은 그 목적이 사람들을 춥지 않게 하고 입어서 멋지게 하고, 또한 다양한 제복들과 유니폼들은 그 사람의 신분과 하는 일을 나타냅니다. 사람 눈에 있는 안경은 잘 보이게 하는 목적이 있고, 시계는 시간을 알게 하는 목적이 있고, 책상은 공부하는 데 사용하며, 전등은 환하게 불빛을 비추기 위해서 사용하고, 옷장은 옷을 보관하는 목적이 있습니다. 방에 있는 다양한 물건들은 다 만든 사람이 있고 존재하는 목적이 있습니다. 사람들이 목적을 가지고 다양한 물건을 만들었기 때문입니다.

그렇다면 하나님께서 인간을 창조하셨는데 아무런 목적도 없이 만들었을까요?

1) 인간을 창조하신 목적

하나님께서 인간을 창조하신 목적은 하나님께서 우리 인간과 인격적인 관계 가운데 사랑의 교제를 나누기 위해서 하나님의 형상을 따라 우리 인간을 만드셨습니다. 그래서 우리 인간은 하나님의 영광을 위해서 창조되었고, 하나님께 찬송을 부르기 위해서 만들어졌습니다.

"내 이름으로 불려지는 모든 자 곧 내가 내 영광을 위하여 창조한 자를 오게 하라 그를 내가 지었고 그를 내가 만들었느니라"(사 43:7) "이 백성은 내가 나를 위하여 지었나니 나를 찬송하게 하려 함이니라"(사 43:21)

2) 인격적인 관계

우리 인간은 로봇이나 꼭두각시나 짐승처럼 하나님을 섬기라고 창조된 것은 아닙니다. 하나님과 우리의 관계는 인격적인 관계 가운데 서로 통하고 사랑하며 아름다운 교제를 나누기 위해서 만들어졌습니다. 하나님은 우리 인간을 하나님을 닮은 인간으로 하나님의 형상을 따라 만드셨습니다. 그래서 우리 인간은 하나님을 닮았습니다. 외적인 모습이 아니라 내적인 부분이 닮았습니다. 하나님이 인격적인 분이시기에 우리 인간도 인격적인 존재로 만드셨습니다. 하나님이 우리 인간을 자유의지를 가진 존재로 만드셨습니다. 자유롭게 결정하고, 자유롭게 생각하고, 자유롭게 선택할 수 있는 존재로 만드셨습니다. 로봇처럼 프로그램을 입력하면 그대로 행하는 그런 인간이 아닙니다. 이렇게 창조된 인간이 하나님을 떠나서 자기 마음대로 사는 것이 죄입니다.

2. 죄란 하나님을 믿지 않는 것입니다.

사실 이 세상에서 가장 무서운 죄는 불신의 죄입니다. 서로 믿지 못하고 불신할 때 무서운 일이 벌어집니다. 남편이 아내를 믿지 못하고 아내가 남편을 믿지 못하고 불신하고 산다면 불행한 부부가 되는 것입니다.

1) 창세기 3장에서 인간이 최초로 죄를 범했습니다.

창세기 3장 1절부터 6절을 읽어보면 표면적으로 드러나는 죄는 불순종입니다. 하나님은 에덴동산 중앙에 선악과를 만드시고 인간에게 먹지 말라고 명령하셨습니다. 그러나 인간은 뱀의 모습으로 찾아온 마귀 사탄의 유혹으로 인하여 선악과를 따먹고 불순종의 죄를 범합니다. 그러나 본문을 자세히 관찰하면 그것은 하나님을 불신하는 죄였습니다.

창세기 2장 16절과 17절을 읽어보겠습니다.

> "여호와 하나님이 그 사람에게 명하여 이르시되 동산 각종 나무의 열매는 네가 임의로 먹되 선악을 알게 하는 나무의 열매는 먹지 말라 네가 먹는 날에는 반드시 죽으리라 하시니라"

여기서 하나님의 명령은 명백했습니다. 또한 결코 어려운 것이 아니었습니다. 사실 동산에 있는 모든 나무의 실과는 맘대로 먹을 수 있었습니다. 그리고 단지 하나만 먹지 말라고 하셨습니다. 그리고 먹으면 반드시 죽는다고 말씀하셨습니다. 그러나 최초의 인간은 하나님의 말씀을 불신하고 오히려 마귀 사탄의 유혹을 받아들여 사탄의 거짓말을 믿었습니다.

2) 마귀 사탄의 유혹은 의심하게 하는 것입니다.

> "하나님이 참으로 너희에게 동산 모든 나무의 열매를 먹지 말라 하시더냐"(창 3:1)

여기서 '참으로'라는 말을 통하여 불신을 갖게 했습니다.

사탄은 하나님의 말씀을 의심하게 하고 하나님에 대한 믿음을 없애고자 했습니다. 하와가 사탄의 유혹에 넘어간 증거는 하나님이 말씀하시지 않은 "만지지도 말라"라는 말을 덧붙여 말한 것입니다. 또한 "반드시 죽으리라"라는 말씀을 "죽을까 하노라 하셨느니라"라는 말로 하나님이 강조하신 것을 불신하는 태도를 보였습니다. 이러한 틈이 보였기에 사탄이 창세기 3장 4절에서 거짓말을 합니다.

"뱀이 여자에게 이르되 너희가 결코 죽지 아니하리라"

뱀은 하나님 말씀을 정면으로 도전했습니다. 하나님이 말씀하신 내용과는 완전히 정반대로 말합니다. 하나님은 반드시 죽는다고 말씀하셨고, 사탄은 결코 죽지 않는다고 말합니다. 만약 하와가 창세기 3장 2절과 3절에서 사탄에게 아주 분명하게 말했다면 4절에서 '결코 죽지 아니하리라'라는 말은 나오지 않았을 것입니다. 만일 하와가 사탄에게 "그래 하나님이 정말 먹지 말라고 했다. 그런데 왜 너는 그런 말을 하느냐 썩 꺼져라. 감히 하나님 말씀을 의심하게 만들지 말라"라고 호통을 쳤더라면, 사탄은 결코 창세기 3장 4절에서 거짓말을 하지 못했습니다. 그러나 하와가 2절과 3절에서 분명하지 못한 태도를 보이니까 사탄은 기회를 노려 '결코 죽지 아니하리라'라고 거짓말을 했습니다. 그리고 사탄은 이제 한 걸음 더 나아가 창세기 3장 5절에서 하와를 도와주는 척하며 말합니다.

"너희가 그것을 먹는 날에는 너희 눈이 밝아져 하나님과 같이 되어 선악을 알 줄 하나님이 아심이니라"

여기 이 말씀을 풀어서 설명하면 이렇게 말한 것입니다.

"하와야 어서 먹어라. 네가 먹으면 너도 하나님처럼 될 수 있단다. 그것을 하나님이 다 아시니까 너에게 못 먹게 하는 것이란다. 내가 도와줄 테니 어서 먹어라"

사탄이 영악하게 유혹한 것입니다. 그리하여 하와는 사탄의 거짓말을 믿게 되었고 하나님의 말씀을 믿지 않았습니다. 그러고 나서 선악과를 쳐다보니 먹음직스럽고 보암직하고 먹으면 지혜롭게 될 것 같아 하나님의 말씀을 불신하고 선악과를 따서 먹고 아담에게까지 주어서 아담도 선악과를 먹게 했습니다. 이만큼 불신의 죄는 큰 죄입니다. 감히 피조물이 하나님이 되고자 하는 야망을 품고 선악과를 따 먹었습니다.

그런데 불신의 죄를 다른 말로 하면, 믿지 아니하는 죄입니다. 예수님께서 성령님이 오시면 죄에 대하여 세상을 책망하실 때 죄에 대해서는 예수님 자신을 믿지 아니함이 죄라고 말씀하셨습니다. 그래서 하나님 아버지와 예수님을 믿지 않는 것이 죄입니다.

"죄에 대하여라 함은 그들이 나를 믿지 아니함이요"(요 16:9)

3. 죄란 하나님을 버리고 자기 스스로 행복해지려고 노력하는 것입니다.

"내 백성이 두 가지 악을 행하였나니 곧 그들이 생수의 근원 되는 나를 버린 것과 스스로 웅덩이를 판 것인데 그것은 그 물을 가두지 못할 터진 웅덩이

들이니라"(렘 2:13)

인간이 범하는 두 가지 죄가 있습니다. 첫째는 생수의 근원 되는 하나님을 버린 것입니다. 여기서 생수의 근원 되는 하나님은 행복의 근원 되는 하나님이라는 뜻입니다. 인간이 생수를 마시면 모든 갈증이 사라지고 목마르지도 않고 영원히 행복하게 살아갈 수 있기 때문입니다. 예수님은 요한복음 4장 14절에서 이러한 생수를 우물가의 여인에게도 말씀하셨습니다.

"내가 주는 물을 마시는 자는 영원히 목마르지 아니하리니 내가 주는 물은 그 속에서 영생하도록 솟아나는 샘물이 되리라"

우리 인간이 생수의 근원 되는 하나님을 버린 것은 하나님 없이도 행복하게 살아갈 수 있다는 태도입니다. 하나님이 생명수를 줄 수 있는데 사람들은 생수의 근원 되시는 하나님을 버렸습니다. 그러나 우물가의 여인은 요한복음 4장 15절에서 예수님께 그런 생수를 요청합니다.

"주여 그런 물을 내게 주사 목마르지도 않고 또 여기 물 길으러 오지도 않게 하옵소서"

예레미야 2장 13절에서 보여 주는 또 다른 죄는 하나님 없이 행복해지려고 자기 스스로 노력하는 것입니다. 생수의 근원 되는 하나님은 버렸으니 이제 스스로 웅덩이와 샘을 파는 것입니다. 그러나 아무리 노력해도 소용이 없는 이유는 그 웅덩이는 물을 가두지 못할 터진 웅덩이기 때문입니다. 하나님 없이 인간 스스로 노력하는 것은 밑 빠진 독에 물을 붓는 것과 같습니다. 그러므로 우리 인간이 스스로 아무리 노력해도 하나님을 떠나서는 절대로 행복할 수 없습니다.

4. 죄란 하나님과의 관계에서 생겨난 문제입니다.

인간은 원래 하나님의 피조물로서 창조주 하나님께 의존하고 순종하며 살도록 창조되었습니다. 이러한 인간이 하나님의 주권을 무시하고 인간 스스로가 주인이 되어 자기 뜻대로 살아가려고 합니다. 하나님으로부터 독립을 선언하고 자기 마음대로 살아가려고 합니다.

창세기 3장 1절부터 6절에서 마귀 사탄이 인간에게 죄를 짓도록 유혹할 때 자신이 주인이 되도록 유혹했습니다. 인간이 선악과를 먹으면 하나님이 되어서 앞으로 하나님께 순종하지 않아도 된다는 것입니다. 인간이 스스로 우주의 중심이 되어 자기 운명의 주관자가 되어서 살아갈 수 있다고 말한 것입니다. 그래서 최초의 인간은 하나님께 불순종했습니다. 자기 뜻대로 살고자 불순종했습니다. 하나님에 대해 독립을 선언하고 자기 지혜, 자기 힘, 자기의 시간, 자기의 제한된 자원으로 살아가려고 불순종했습니다. 그러므로 모든 죄의 근원은 자기가 주인이 되려는 것입니다.

그래서 죄란 인간이 하나님이나 다른 사람에게 간섭받지 않으려고 "내가 내 삶의 주인이다. 내 인생은 내 것이다. 아무도 나에게 이렇게 하라 저렇게 하라 말할 수 없다."라는 태도로 사는 것입니다. 또한 죄란 근본적으로 마음의 태도입니다. 인간이 하나님 없이 독단적으로 살아가는 것이 죄입니다. 자신이 하나님이 되려는 것이 죄입니다.

적극적일 때는 하나님을 대적하고 소극적일 때는 하나님께 무관심합니다. 그러므로 죄란 하나님과의 관계를 떠나 하나님으로부터 멀어짐입니다. 그분의 통제에 대한 거역입니다. 하나님과 협의 없는 활동, 태도, 행동입니다. 죄란 하나님과의 관계에서 생겨난 문제입니다.

5. 죄란 불의입니다.

요한일서 5장 17절에서 "모든 불의가 죄로되"라고 말씀합니다. 그러므로 옳지 않은 모든 것이 잘못된 것이며, 잘못된 것이 죄입니다. 우리는 하나님에 대하여, 우리의 동료에 대하여, 우리의 나라에 대하여, 우리의 도시에 대하여, 우리의 동반자에 대하여, 우리의 몸에 대하여 죄를 범할 수 있습니다. 무엇이든지 잘못된 것이 죄입니다.

하나님께서 인간이 만일 의롭다면 지킬 수 있는 표준을 세워 놓으셨는데 하나님이 세워 놓으신 표준에 못 미치는 것이 죄입니다. 인간이 타락한 이후에 누구나 이 표준에 미치지 못하여 모든 사람은 하나님에 대하여 죄를 범했습니다.

죄라는 단어가 헬라어로 "하마르티아"인데 그 의미는 "표준에 미치지 못한 것, 하나님의 의의 수준에 미치지 못한 것, 과녁을 이탈했다"라는 뜻입니다. 예를 들어, 올림픽 양궁 결승에서 선수들이 금메달을 따기 위해서 목표물을 향하여 화살을 쏘려고 합니다. 오직 10점짜리 원안에 화살을 맞히기 위해서 잡념을 버립니다.

그렇게 생각하고 화살을 쐈았는데 그것이 과녁에 맞지 않고 이탈했다면, 죄라는 의미는 바로 그런 의미가 있습니다. 여기서 선수는 하나님이고 화살은 인간이라면, 그 화살이 하나님이 원하는 대로 날아가지 않고 빗나가 버린 것입니다. 처음에는 조금 빗나갔는데 그 화살이 날아가는 것이 일평생 날아간다면 나중에는 엉뚱한 곳으로 날아가 버렸다면 그것이 바로 죄의 의미입니다.

1) 그릇 행하여

"우리는 다 양 같아서 그릇 행하여 각기 제 길로 갔거늘"(사 53:6)

여기서 인간을 양으로 비유한 이유는 양은 다른 짐승하고는 달리 목자 없이는 살아갈 수 없는 존재이기 때문입니다. 양은 어디에 푸른 초장이 있고 쉴 만한 물가가 있는지 모르고 늑대가 공격해 올 때 방어 능력이 없어서 반드시 목자가 필요합니다.

그런데 우리 인간도 하나님 없이 살아갈 수 없는 존재입니다.

양이 목자를 떠나서 자기 고집대로 하려는 경향이 있는 것처럼 우리 인간도 하나님 없이는 살아갈 수 없는 존재가 하나님을 떠나서 자기 마음대로 살아가려 하기에 우리 인간을 양으로 비유했습니다. 예수님은 "나를 떠나서는 너희가 아무것도 할 수 없음이라"(요 15:5)라고 말씀하셨습니다.

양 같은 습성이 있는 인간은 하나님을 떠나서 그릇 행하여 각자 자기 길로 나아갔습니다. 하나님이 원하는 길로 나아가지 않고 자기 길로 나아가며 자기가 하고 싶은 대로 하는 것이 죄입니다.

2) 다 치우쳐

"다 치우쳐 함께 더러운 자가 되고 선을 행하는 자가 없으니 하나도 없도다"(시 14:3)

여기 "다 치우쳤다"라는 말은 하나님의 길에서 하나님의 뜻에서 치우친 것입니다. 치우친 인간은 더러운 자가 될 수밖에 없고, 선을 행할 수 없고, 가증한 죄만 행하며, 마음으로는 하나님이 없다고 말합니다(시 14:1-2). 시인은 다 치우쳐 더러운 자가 되었다고 말하지만, 로마서 3장 12절에서는 "다 치우쳐 한가지로 무익하고 쓸모없게 되었다"라고 말합니다. 결국 다 치우쳐 한가지로 무익하게 되니 쓸모없는 인간이 되고 그래서 결국 지옥에 들어가는 것입니다. 성경은 하나님이 인간을 심판하시는 것을 추수로 비유합니다. 그래서 알곡은 유익하기에 모아 창고에 들여놓고 쭉정이는 무익하니 모아서 태웁니다. 마찬가지로 그리스도인들은 유익하니 천국 창고에 들어가고 불신자는 무익하니 지옥 불 못에 들어갑니다.

3) 마음에서 행동까지

로마서 3장 12절부터 19절은 인간이 다 치우쳐 더러운 죄인이 된 이후에 내면의 죄가 점진적으로 행동에까지 연결되는 것을 보여 줍니다. 죄는 목구멍-혀-입술-입-발-길까지 이어집니다.

로마서 3장 13절의 "그들의 목구멍은 열린 무덤이요"라는 말은 마음속에 죄가 있다는 것을 나타냅니다. 시체가 묻혀 있는 무덤이 열리면 그 열린 무덤 속에 더러운 시체가 보이듯이 목구멍이 열리면 목구멍 속으로 사람의 마음과 마음속의 죄가 보입니다. 그래서 마음속에 있는 죄는 혀로, 입술로, 입으로 나와서 결국 행동으로 연결됩니다.

로마서 3장 13절부터 15절은 "그들의 목구멍은 열린 무덤이요 그 혀로는 속임을 일삼으며 그 입술에는 독사의 독이 있고 그 입에는 저주와 악독이 가득하고 그 발은 피 흘리는 데 빠른지라"라고 말합니다. 여기서 "그 발은 피 흘리는 데 빠른지라"라는 말씀은 마음속에 있는 죄가 결국 행동에까지 연결되는 것을 나타냅니다. 이제 로마서 3장 16절과 17절은 "파멸과 고생이 그 길에 있어 평강의 길을 알지 못하였고"라고 말합니다. 여기 "그 길에서"라는 말은 죄인이 걸어가는 인생길을 말합니다. 죄인이 걸어가는 인생길에 고생이 있고 파멸이 있고 평강이 없습니다. 그리고 그들은 하나님을 두려워하지 않습니다. 로마서 3장 18절은 "그들의 눈 앞에 하나님을 두려워함이 없느니라"라고 말씀합니다.

6. 죄란 불법입니다.

"죄를 짓는 자마다 불법을 행하나니 죄는 불법이라"(요일 3:4)

여기서 보듯이 죄란 법을 어기는 것입니다. 이 세상 모든 사람의 마음과 삶 가운데는 죄와 불법이 들어 있습니다. 남을 미워하고, 시기 질투하며, 서로 다투고, 속이고, 훔치고, 빼앗고, 해치고, 죽이는 것을 보면 사람에게 불법이 들어 있습니다. 우리의 삶과 우리의 마음속을 솔직하게 살펴본다면 정도의 차이가 있을 뿐이지 이런 것들이 있다는 사실을 누구나 인정할 수밖에 없습니다. 이것은 우리 본성의 일부분이기 때문입니다.

7. 인간은 모두가 죄인입니다.

아담과 하와가 죄를 범한 이후에 그 죄는 모든 인류에게 전가되었습니다. 그래서 바울은 로마서 5장 12절과 3장 23절과 3장 10절에서 아담 한 사람을 통해서 죄가 세상에 들어왔고 모든 사람이 죄를 범하게 되었으니 의인은 없나니 하나도 없다고 말합니다.

> "그러므로 한 사람으로 말미암아 죄가 세상에 들어오고 죄로 말미암아 사망이 들어왔나니 이와 같이 모든 사람이 죄를 지었으므로 사망이 모든 사람에게 이르렀느니라, 모든 사람이 죄를 범하였으매 하나님의 영광에 이르지 못하더니, 기록된 바 의인은 없나니 하나도 없으며"

시편 139편 2절부터 4절에 보면 우리가 범하는 세 종류의 죄가 있습니다. 생각으로 범하는 죄, 말로 범하는 죄, 행동으로 범하는 죄입니다. 하나님은 멀리서도 우리의 생각을 밝히 아십니다. 불꽃 같은 눈으로 우리의 심령을 헤아려 알고, 우리 혀의 말을 알지 못하시는 것이 하나도 없으며, 우리의 모든 행위를 익히 아신다고 말씀합니다.

그렇다면 인간이 범하는 죄는 얼마나 많습니까? 만일 어떤 사람이 하루에 단지 세 번의 죄만 짓는다면 그런 사람은 천사와 같은 사람입니다.

그러나 세 번의 죄가 70년이면 7만 6,650번의 죄를 짓는 것이며, 하루 6번의 죄를 짓는다면 15만 3,300번이고, 하루 10가지 죄를 범한다면 70년이면 무려 25만 5,500번의 죄를 짓게 됩니다. 하루에 50번의 죄를 범한다면 70년이면 127만 7,500번이나 됩니다. 그러나 사람들은 자신이 지은 죄를 거의 99% 잊고 살아갑니다.

요한 칼뱅은 자신이 지은 죄를 100분지 1도 생각하지 않는다고 말합니다. 오늘날 심리학자들도 우리가 행한 악한 일들을 99%는 의도적으로 잊어버리고 있다고 말합니다. 그래서 우리가 죄 없다고 말한다면 그것은 기억력이 좋지 않아서 다 잊은 것입니다.

1) 말로 짓는 죄가 있습니다.

남을 정죄하는 말, 비방하는 말, 욕하는 말, 속이는 말, 저주하는 말이 있습니다. 로마서 1장 28절부터 32절에 나오는 21가지 죄 중에서 말로 짓는 죄는 수군수군하는 자, 비방하는 자, 자랑하는 자가 나오며 예수님은 말로 짓는 죄가 얼마나 심각하면 "형제에 대하여 미련한 놈이라 하는 자는 지옥 불에 들어가게 되리라"(마 5:22)라고 말씀하셨습니다.

요한계시록은 "거짓말하는 모든 자들은 불과 유황으로 타는 못에 던져지리니"(계 21:8)라고 말하며, 요한계시록 21장 후반 부분에 천국의 아름다운 모습을 소개하면서 "거짓말하는 자는 결코 그리로 들어가지 못하되"(계 21:27)라고 말씀합니다. 그래서 말로 죄를 안 짓고 혀를 다스릴 수 있는 사람은 행동으로도 죄를 범하지 않습니다.

그래서 야고보는 "우리가 다 실수가 많으니 만일 말에 실수가 없는 자라면 온전한 사람이라 능히 온몸도 굴레 씌우리라"(약 3:2)라고 말합니다. 그러나 혀를 잘못 사용하면 우리의 삶 전체를 불사르고 망치게 됩니다.

> "혀는 곧 불이요 불의의 세계라 혀는 우리 지체 중에서 온 몸을 더럽히고 삶의 수레바퀴를 불사르나니 그 사르는 것이 지옥 불에서 나느니라"(약 3:6)

그래서 야고보는 혀는 능히 길들일 사람이 없다고 말합니다. 사람들은 동물들을 기가 막히게 길들이되 원숭이를 길들이고, 사자를 길들이고, 코끼리를 길들이고, 호랑이도, 돌고래도, 물개도, 개도, 길들입니다. 그리고 사람들이 만든 온갖 기계들을 잘 다루고, 자동차나 비행기도 잘 다루지만, 사람의 혀는 잘 다루지 못합니다.

> "여러 종류의 짐승과 새와 벌레와 바다의 생물은 다 사람이 길들일 수 있고 길들여 왔거니와 혀는 능히 길들일 사람이 없나니 쉬지 아니하는 악이요 죽이는 독이 가득한 것이라 이것으로 우리가 주 아버지를 찬송하고 또 이것으로 하나님의 형상대로 지음을 받은 사람을 저주하나니"(약 3:7-9)

그래서 사도 바울도 이 말을 하는 입과 목구멍과 입술과 혀에 대하여 이렇게 말합니다.

> "그들의 목구멍은 열린 무덤이요 그 혀로는 속임을 일삼으며 그 입술에는 독사의 독이 있고 그 입에는 저주와 악독이 가득하고"(롬 3:13-14)

2) 생각으로 짓는 죄가 있습니다.

하나님께서 노아 홍수로 이 세상을 심판하실 때, 마음의 생각의 모든 계획이 항상 악할 뿐임을 보시고 지면에서 하나님이 창조한 사람들을 쓸어버리시려고 노아 홍수를 일으키셨습니다.

> "여호와께서 사람의 죄악이 세상에 가득함과 그의 마음으로 생각하는 모든 계획이 항상 악할 뿐임을 보시고 땅 위에 사람 지으셨음을 한탄하사 마음에 근심하시고 이르시되 내가 창조한 사람을 내가 지면에서 쓸어버리되 사람으로부터 가축과 기는 것과 공중의 새까지 그리하리니 이는 내가 그것들을 지었음을 한탄함이니라 하시니라"(창 6:5-7)

3) 생각의 죄는 행동으로 연결되고 이어집니다.

마가복음 7장 21절부터 23절은 생각의 죄가 행동으로 연결되는 것을 잘 보여 줍니다.

> "속에서 곧 사람의 마음에서 나오는 것은 악한 생각 곧 음란과 도둑질과 살인과 간음과 탐욕과 악독과 속임과 음탕과 질투와 비방과 교만과 우매함이니 이 모든 악한 것이 다 속에서 나와서 사람을 더럽게 하느니라"

죄는 말로 짓는 죄, 생각으로 짓는 죄, 행동으로 짓는 죄가 있으며, 이러한 죄들을 하나님이 다 아시고, 우리가 범한 죄들은 어마어마한 숫자, 헤아릴 수 없을 정도로 많습니다. 결국 우리가 이러한 죄를 범하는 것은 우리에게 원죄가 있다는 것을 보여 줍니다. 원죄는 간단하지만, 그 원죄로 인하여 생겨나는 자범 죄는 엄청나게 많습니다. 물론 아무리 자범 죄가 많아도 원죄가 더 무서운 죄입니다. 왜냐하면 그 원죄로 인하여 수많은 자범 죄가 생겨났기 때문입니다.

그러므로 우리는 자신이 하나님 앞에서 죄인임을 시인해야 합니다.

"그런즉 하나님 앞에서 사람이 어찌 의롭다 하며"(욥 25:4)
"만일 우리가 범죄하지 아니하였다 하면 하나님을 거짓말하는 이로 만드는 것이니"(요일 1:10)

8. 죄의 결과 불행한 삶과 죽음과 지옥에 들어갑니다.

죄로 인하여 수고와 슬픔과 불행한 삶을 살다가 죽고, 죽음 이후에 심판을 받아 영원한 지옥 형벌을 받게 됩니다. 하나님이 정하신 법을 어겼기 때문에 죄의 결과를 치르게 됩니다. 한 사람이 그 나라의 법을 어기면 그는 범죄자가 되며 정죄를 당하게 되며 결국 재판에 넘겨지게 됩니다. 우리가 죄를 범하는 것은 하나님의 법을 어기는 것입니다. 우리가 법을 어겼으면 정죄를 당하게 되고 반드시 심판을 받을 수밖에 없습니다. 죄는 법을 어기는 것이기에 범죄입니다. 이 세상에서 인간이 만든 법을 어길 때 그 범법자는 형벌의 값을 치르게 됩니다. 하나님은 사람보다 못한 분이 아니시기에 우리가 하나님의 법을 어겼다면 온 세상의 심판자이신 하나님은 그 죄의 형벌을 요구하십니다. 우리 인간은 하나님이 정한 법을 위반했고, 따라서 우리는 죄의 형벌 아래 놓이게 되었습니다.

"죄의 삯은 사망이요"(롬 6:23)
"한번 죽는 것은 사람에게 정해진 것이요 그 후에는 심판이 있으리니"(히 9:27)

하나님의 사랑

인간이 범한 죄로 인하여 하나님과의 관계가 파괴되고 멀어졌습니다. 결국 우리가 범한 죄악이 우리와 우리 하나님 사이를 갈라놓았습니다. 그러므로 하나님과의 관계가 차단되어 이제 하나님으로부터 오는 어떤 축복이라도 우리에게 올 수 없습니다.

그래서 이사야는 59장 1절과 2절에서 이렇게 말합니다.

> "여호와의 손이 짧아 구원하지 못하심도 아니요 귀가 둔하여 듣지 못하심도 아니라 오직 너희 죄악이 너희와 너희 하나님 사이를 갈라놓았고 너희 죄가 그의 얼굴을 가리어서 너희에게서 듣지 않으시게 함이니라"

그러므로 하나님과의 관계가 회복되면 하나님의 사랑을 깨닫고 행복하게 살아갈 수 있습니다.

1. 하나님과의 관계가 파괴된 인간은 어떻게 살아갈까요?

로마서 1장 28절은 하나님과의 관계가 파괴된 인간이 어떻게 살아가고 있는지를 보여 줍니다. 하나님에 의하여 창조된 인간이 하나님을 떠나서 자기 맘대로 살려고 자기 마음에 하나님을 모시지 않기 때문입니다.

"또한 그들이 마음에 하나님 두기를 싫어하매 하나님께서 그들을 그 상실한 마음대로 내버려 두사 합당하지 못한 일을 하게 하셨으니"

하지만 우리가 예수님을 구세주와 삶의 주인으로 마음속에 영접하는 이유는 하나님 뜻대로 살기 위함입니다. 이제는 내 맘대로 살지 않고 오히려 하나님 맘대로 살기 위함입니다. 그래서 하나님에 의해서 창조된 인간이 하나님을 떠나서 자기 마음대로 사는 것이 죄입니다. 마음속에 하나님이 없어 하나님과의 관계가 파괴된 사람들은 합당하지 못한 죄들만 범합니다.

로마서 1장 29절부터 32절을 보면, 마음속에 하나님이 없는 사람들은 불의, 추악, 탐욕, 악의가 가득한 자, 시기, 살인, 분쟁, 사기, 악독이 가득한 자, 악을 도모하는 자, 부모를 거역하는 자, 우매한 자, 약속을 배반하는 자, 무정한 자, 무자비한 자입니다. 여기에서 하나님은 사람들이 가볍게 생각하는 죄들도 사형에 해당할 정도로 큰 죄라고 정하셨습니다. 여기 21가지 죄 중에서 사람들이 가볍게 생각하는 죄들은 수군수군하고 남을 흉보는 죄, 자랑하는 죄, 부모를 거역하는 죄, 무정한 자로서 남에게 인정을 베풀지 못한 죄, 무자비한 죄로서 사람들에게 자비를 베풀지 못한 죄입니다. 그러나 이러한 죄들도 사형에 해당하는 죄라고 하나님이 정하셨습니다.

> "그들이 이같은 일을 행하는 자는 사형에 해당한다고 하나님께서 정하심을 알고도"(롬 1:32)

2. 하나님의 사랑

하나님께서는 우리의 죄의 문제를 해결하기 위해 예수님을 우리에게 보내주셨습니다.

> "하나님이 세상을 이처럼 사랑하사 독생자를 주셨으니 이는 그를 믿는 자마다 멸망하지 않고 영생을 얻게 하려 하심이라"(요 3:16)

우리를 향한 하나님의 사랑은 하나님이 보내주신 예수님과 그분이 우리의 죄를 대속하기 위해서 십자가에서 죽음으로 보여 주셨습니다. 요한일서 4장 9절과 10절은 십자가 사랑을 잘 설명합니다.

> "하나님의 사랑이 우리에게 이렇게 나타난 바 되었으니 하나님이 자기의 독생자를 세상에 보내심은 그로 말미암아 우리를 살리려 하심이라 사랑은 여기 있으니 우리가 하나님을 사랑한 것이 아니요 하나님이 우리를 사랑하사 우리 죄를 속하기 위하여 화목 제물로 그 아들을 보내셨음이라"

하나님의 사랑이 우리에게 어떻게 나타났을까요?
하나님의 사랑이란 무엇일까요?

3. 하나님은 우리의 죄 문제를 예수님을 통하여 단번에 해결하셨습니다.

죄 문제에 대한 유일한 해결책은 죄 없는 분이 하나님 앞에서 우리를 대신해서 죽어야 합니다. 죄 없는 분이 우리의 정죄와 심판과 죽음을 대신 담당해야 합니다. 하지만 이 세상에 죄 없는 사람이 어디 있을까요? 이 지구상에는 죄 없는 사람은 아무도 없습니다.

하지만 한 가지 가능성이 있습니다. 자기 자신의 몸에 온 인류의 죄를 다 짊어지실 만한 능력이 있는 분은 온 우주 안에 하나님의 아들 예수님 외에는 아무도 없습니다. 그분이 죄 문제를 단번에 해결하기 위해서 이 세상에 오셨습니다.

> "미쁘다 모든 사람이 받을 만한 이 말이여 그리스도 예수께서 죄인을 구원하시려고 세상에 임하셨다 하였도다"(딤전 1:15)

예수님은 죄인인 우리를 구원하시기 위해서 이 세상에 임하셨습니다. 여기서 사도 바울이 사용한 '미쁘다'라는 말은 '믿음직하다, 아름답다, 확실하다, 신빙성 있다'라는 뜻입니다. 그러면 어떤 말이 그렇게 믿음직하고, 확실하고, 신빙성이 있을까요? 예수님이 '죄인을 구원하시려고 세상에 임하셨다'라는 말입니다.

이 말이 왜 그렇게 믿음직스럽고 아름다운 말이 될까요? 이 말의 반대개념을 생각해 보면 이해가 됩니다. 만일 예수님이 잘난 사람과 부자와 착한 일을 많이 한 사람과 외모가 잘생긴 사람과 키가 큰 사람과 건강한 사람 등 어떤 조건을 갖춘 사람들만 하늘나라로 데려가기 위해서 오셨다면 누가 과연 하늘나라에 갈 수 있을까요?

하지만 예수님은 '죄인들을 구원하기 위해서 세상에 임하셨으니' 라고 하셨습니다. 이 말이 그렇게 믿음직스럽고 아름다운 것입니다. 그러므로 우리의 죄 문제는 예수님을 통해서 해결할 수 있습니다.

하나님은 우리의 죄를 예수님에게 담당하게 하시므로 우리의 죄를 단번에 해결하셨습니다. 예수님이 십자가에 죽으심으로 하나님의 공의와 사랑이 완전히 충족되었습니다. 죄는 반드시 벌해야 합니다. 하나님은 자기 아들을 보내서 우리가 받아야 마땅한 사망의 형벌을 우리 대신 받게 하셨습니다. 예수님은 십자가 위에서 이렇게 외치셨습니다.

"예수께서 크게 소리 질러 이르시되 엘리 엘리 라마 사박다니 하시니 이는 곧 나의 하나님, 나의 하나님, 어찌하여 나를 버리셨나이까 하는 뜻이라"(마 27:46)

우리의 죄에 대한 형벌은 모두 예수님이 받으셨습니다. 그분이 우리를 위해 하나님 아버지로부터 버림을 당하시고 끊어지셨습니다.

4. 예수님은 우리의 죄를 없애려고 오셨습니다.

"그가 우리 죄를 없애려고 나타나신 것을 너희가 아나니 그에게는 죄가 없

느니라"(요일 3:5)

누가 과연 우리의 죄를 해결하기에 적합할까요? 죄가 없어야 합니다. 그런데 예수님은 죄가 없으신 이유는 죄 없는 생애를 사셨기 때문입니다. 하지만 죄를 짓도록 시험은 받으셨습니다. 그리고 그분이 죄를 범하시지 않으셨기 때문에 그분의 반대자들도 그분에게서 죄를 찾지 못했습니다. 그래서 예수님은 자신에게서 죄를 찾아보라고 당당하게 도전하셨습니다.

"우리에게 있는 대제사장은 우리의 연약함을 동정하지 못하실 이가 아니요 모든 일에 우리와 똑같이 시험을 받으신 이로되 죄는 없으시니라"(히 4:15)
"너희 중에 누가 나를 죄로 책잡겠느냐 내가 진리를 말하는데도 어찌하여 나를 믿지 아니하느냐"(요 8:46)

5. 예수님은 하나님의 뜻을 행하러 오셨습니다.

히브리서 10장에서 하나님의 뜻이 과연 무엇일까요? 우리가 우리 스스로 노력해서 해결하지 못하는 죄의 문제를 예수님께서 단번에 해결하는 것이 하나님의 뜻입니다.

"이에 내가 말하기를 하나님이여 보시옵소서 두루마리 책에 나를 가리켜 기록된 것과 같이 하나님의 뜻을 행하러 왔나이다 하셨느니라, 그 후에 말씀하시기를 보시옵소서 내가 하나님의 뜻을 행하러 왔나이다 하셨으니 그 첫째 것을 폐하심은 둘째 것을 세우려 하심이라 이 뜻을 따라 예수 그리스도의 몸을 단번에 드리심으로 말미암아 우리가 거룩함을 얻었노라"(히 10:7, 9-10)

히브리서 기자는 예수님이 하나님의 뜻을 행하기 위해서 오셨다고 선포합니다. 하나님의 뜻은 예수님이 온 인류의 죄를 십자가에서 단번에 해결하시는 것입니다. 그분은 하나님 아버지의 뜻대로 십자가에서 단번에 죽으심으로 말미암아 우리의 죄의 값을 단번에 다 치르셨습니다. 그 결과 우리는 거룩함을 얻었고, 죄의 문제는 이제 끝났습니다. 죄의 문제가 모두 다 끝났기 때문에 그분은 이제 쉬고 계십니다. 마치 창세기 1장에서 하나님이 6일 동안 창조 사역을 마치시고 7일째 되는 날에 쉬신 것처럼 예수님도 죄의 문제를 끝내셨기 때문에 하늘나라 우편 보좌에서 쉬고 계십니다. 히브리서 10장 12절은 '쉰다.'라는 표현으로 앉아 계신다고 말씀하고 있습니다. "한 영원한 제사"는 단번에 끝내버리는 영원한 제사입니다.

"오직 그리스도는 죄를 위하여 한 영원한 제사를 드리시고 하나님 우편에 앉으사"(히 10:12)

6. 죄의 값은 이미 다 지불 되었습니다.

예수님께서 숨을 거두시기 직전에 '다 이루었다'라고 외치셨습니다.

"예수께서 신 포도주를 받으신 후에 이르시되 다 이루었다 하시고 머리를 숙이니 영혼이 떠나가시니라"(요 19:30)

예수님이 십자가 위에서 죽어 가시면서 외치셨던 '다 이루었다'라는 말은 참으로 의미 있는 선포였습니다. 그분은 이 한 마디를 통해서 유한한 인간으로서는 거의 이해할 수 없는 큰 성취를 이루셨습니다. 십자가에 못 박혀 죽으심으로써, 자신의 피와 물을 다 쏟으시고 희생하심으로써 그분은 온 인류의 모든 죄의 값을 다 치르셨습니다.

예수님께서는 이 세상의 모든 죄를 위해서 돌아가셨습니다. 그분은 아 담으로부터 시작하여 앞으로 태어날 인류의 마지막 사람까지 모든 사람의 모든 죄의 값을 다 치르셨습니다. '다 이루었다'라는 외침은 패배의 울부짖음 '나는 망했다'가 아니라 승리의 외침 '나는 완성했다'라는 외침입니다. 예수님께서 이 외침을 통해서 인간의 구원을 위한 하나님의 영원하신 계획이 인간의 시간 역사 속에서 실행되었다는 것을 선포하셨습니다. 그분의 죽으심을 통해서 우리의 죄는 하나님의 등 뒤로 던져졌습니다. 우리의 죄는 깊은 바다에 매장되었습니다. 우리의 모든 죄는 동쪽 끝에서 서쪽 끝으로 멀리 옮겨졌습니다. 우리의 죄는 빽빽한 구름의 사라짐같이 다 사라져 버렸습니다. 그분은 우리의 죄라는 엄청난 빚을 단번에 청산하셨습니다.

> "그리스도께서도 단번에 죄를 위하여 죽으사 의인으로서 불의한 자를 대신하셨으니 이는 우리를 하나님 앞으로 인도하려 하심이라 육체로는 죽임을 당하시고 영으로는 살리심을 받으셨으니"(벧전 3:18)

예수님께서 우리를 사랑하셔서 우리의 모든 죄의 빚을 대신 갚아 주셨습니다. 그분이 우리의 모든 죄의 빚을 갚아 주셨기 때문에 이제 우리의 죄의 대가로 지옥에 들어갈 이유가 없습니다. 우리의 죄의 값이 이미 지불

된 것이 사실입니다. 이것이 진리입니다. 예수님이 우리의 모든 죄의 빚을 지불하시기 위해서 십자가에서 피 흘려 죽으시고 다시 살아난 사실을 진심으로 믿으면 우리도 모든 죄를 용서받고 의인이 되어 모든 죄에서 해방될 수 있습니다.

> "모든 사람이 죄를 범하였으매 하나님의 영광에 이르지 못하더니 그리스도 예수 안에 있는 속량으로 말미암아 하나님의 은혜로 값 없이 의롭다 하심을 얻은 자 되었느니라"(롬 3:23-24)

이것이 바로 우리를 향한 하나님의 사랑입니다.

회개

우리가 구원받을 수 있는 기쁜 소식을 들었을 때 우리는 어떻게 해야 할까요? 예수님이 우리의 모든 죄를 십자가를 통해서 단번에 다 해결하셨다는 사실을 진정으로 믿는다면 우리의 죄를 회개해야 합니다. 그렇다면 회개란 무엇일까요?

1. 회개란 불신의 죄로부터 돌아서는 것입니다.

하나님이 이렇게 우리의 모든 죄의 값을 다 지불해 놓으셨는데 그 사실을 깨닫지 못해서 믿지 않고 우리 마음대로 살아왔던 죄들로부터 돌이키는 것입니다. 예수님이 이 세상에 오셔서 공적인 사역을 시작하실 때 제일 먼저 하신 말씀이 무엇일까요?

"예수께서 전파하여 이르시되 회개하라 천국이 가까이 왔느니라"(마 4:17)

예수님께서 이 세상에 오신 목적이 무엇일까요?

"내가 의인을 부르러 온 것이 아니요 죄인을 불러 회개시키러 왔노라"(눅 5:32)

예수님은 동정과 사랑의 마음을 가지고 오셨지만, 그분은 즉시 인간의 죄를 지적하셨습니다. 사람들이 죄인 됨을 인정하고 그 악한 길에서 돌이키라고 요구하셨습니다. 예수님은 자신이 먼저 사랑과 은혜와 자비를 베풀기 전에 회개가 선행해야 한다고 말씀하셨습니다. 그분은 죄를 간과하시지 않으셨습니다. 그분은 자기비판을 요구하셨고 완전히 180도 전향할 것을 요구하셨습니다.

2. 회개란 하나님의 은혜를 받을 수 있도록 문을 여는 것입니다.

회개란 기독교 복음의 핵심적 내용입니다. 우리가 회개의 바른 의미를 이해하는 것이 중요합니다. 회개란 자신의 죄에 대해 거룩한 통회의 마음을 가지고 죄로부터 돌아설 결심을 하는 것입니다. 참된 회개란 하나님에 대하여 죄를 지어 그분에게 끼친 상처로 인하여 자신의 죄를 슬퍼하는 것입니다. 그런데 그 슬픔은 그 죄를 버리려는 진실한 소원이 동반되는 슬픔입니다.

예수님을 그냥 믿고 은혜의 선물을 그냥 받아들이는 것만으로는 충분하지 않습니다. 우리 내부에서의 참된 변화가 있어야만 합니다. 만일 깊이 있는 회개가 이루어지지 않으면 정말로 죄의 권세로부터 구원받은 사실에 대한 깨달음도 없습니다. 참된 헌신과 깊이 있는 믿음도 없습니다.

회개한다는 뜻은 "돌아서다, 버리다, 포기하다, 고백한다"라는 뜻입니다. 죄인들은 모두가 멸망으로 인도하는 넓은 길로 가고 있습니다. 그들은 하나님으로부터 더욱더 멀리 떠나고 있습니다. 그래서 하나님은 죄인들이 구원받기 위해서 당신께 오도록 부르고 계십니다. 사람들은 교만과 패역 가운데 더욱더 죄 가운데로 깊이 빠져들고 있습니다. 하나님은 죄인이 죄를 미워하고 영생을 얻기 위해서 하나님께 나아오기를 원하십니다. 하나님은 사람들에게 무엇을 명령했을까요?

"알지 못하던 시대에는 하나님이 간과하셨거니와 이제는 어디든지 사람에게 다 명하사 회개하라 하셨으니"(행 17:30)

3. 회개란 악한 길에서 돌이키는 것입니다.

"너는 그들에게 말하라 주 여호와의 말씀이니라 나의 삶을 두고 맹세하노니 나는 악인이 죽는 것을 기뻐하지 아니하고 악인이 그의 길에서 돌이켜 떠나 사는 것을 기뻐하노라 이스라엘 족속아 돌이키고 돌이키라 너희 악한 길에서 떠나라 어찌 죽고자 하느냐 하셨다 하라"(겔 33:11)

회개란 새로운 방향으로 뛰어드는 것이며 변화되는 것입니다. 참된 변화는 마음에서부터 비롯됩니다. 변화에는 세 가지가 있습니다. 첫째는 사고의 패턴이 변화되는 것입니다. 마음이 변화되니까 가치관이 변화되고 생각이 달라집니다. 둘째는 언어의 표현이 달라져 말이 깨끗해집니다. 셋째는 행동이 달라집니다. 회개는 힘이 있는 말이며 행동입니다. 한 사람 안에서 완전한 혁명을 일으킵니다. 성경에서 우리에게 죄를 회개하라고 요구할 때, 그것은 우리가 죄에서 돌아설 것을, 즉 죄로부터 정반대 방향으로 걸어가는 것을 요구하는 것입니다. 회개란 죄를 즐기지 않고 버리는 것입니다. 우리가 죄를 좋아하고 품으면 하나님께서 싫어하시기 때문입니다.

4. 회개란 태도의 변화입니다

회개한 사람은 하나님을 예배하고 섬기며 하나님께 영광을 돌릴 수 있습니다. 회개란 자기중심의 원리를 버리고, 예수님과 그분의 뜻을 인생의 중심으로 삼고, 목표로 삼는 것입니다. 예수 믿고 회개한 사람은 예수님을 구주와 삶의 주인으로 삼는 것이며, 왕으로 삼는 것이며, 남편으로 모시고 살기로 마음과 인생의 방향을 근본적으로 바꾸는 것입니다. 인간이 하나님의 얼굴을 외면하고 태어났다가 참으로 회개할 때 하나님을 향해 올바로 돌아서게 됩니다. 하나님 없이 자신이 인생의 주인이 되어 마음대로 살아왔던 사람이 자신의 삶이 잘못되었음을 깨닫고 이제 하나님 뜻대로 예수님을 인생의 주인으로 모시고 살겠다고 결단하는 것입니다.

5. 회개란 지성과 감정과 의지가 포함됩니다.

우리가 회개하려면 죄에 대한 깨달음이 있어야 합니다. 이사야는 자신의 죄를 깨달았을 때 이사야 6장 5절에서 이렇게 고백했습니다.

"그 때에 내가 말하되 화로다 나여 망하게 되었도다 나는 입술이 부정한 사람이요 나는 입술이 부정한 백성 중에 거주하면서 만군의 여호와이신 왕을 뵈었음이로다 하였더라"

회개란 반드시 의지가 포함됩니다. 참된 회개는 의지에 와서 결판이 납니다. 회개에는 죄를 포기하려는 각오가 있습니다. 자신에 대한 태도, 죄에 대한 태도, 하나님에 대한 태도를 바꾸려는 각오와 결단을 하는 것입니다. 자신의 의지와 성격과 목적을 바꾸려는 각오입니다. 회개는 갑자기 결심하는 순간에 옵니다. 그때 회개하도록 하나님이 힘을 주십니다. 회개란 삶의 중도에서 인생의 경로를 바꾸기로 선택하는 것입니다. 회개에는 지, 정, 의가 포함됩니다. 먼저 죄에 대한 바른 인식이 있습니다. 하나님 없이 자기 마음대로 살아왔던 삶이 얼마나 잘못된 삶인가를 알고 자신이 죄인임을 안타까워하며 의지의 표현으로 돌아섭니다.

우리가 진정으로 회개할 때 삶 속에 변화가 일어납니다. 성경은 진정으로 회개한 사람이 자신이 하는 모든 일에 변화가 일어나는 것을 보여 줍니다. 성경에는 우리가 그리스도인이 된 후에 우리 마음대로 살아도 된다는 구절은 하나도 없습니다. 이제는 하나님과 분리된 삶으로부터, 하나님께 반항하는 삶으로부터 멀어집니다.

이제는 예수 그리스도에 대한 믿음으로 그분을 전폭적으로 신뢰하고 확신하며 의존합니다. 예수님께 순종하고 그분을 기쁘게 하고자 하는 순수한 마음이 없다면 하나님께 회개한 사람이 아닙니다.

믿음

우리가 구원을 받으려면 참된 믿음이 있어야 합니다. 믿음이란 "신실하다, 신뢰하다, 의지하다, 충성하다, 진실하다, 의존한다, 맡긴다, 받아들이다, 순종한다"라는 뜻이 있습니다. 구원에 이르는 참된 믿음이란 무엇일까요?

1. 믿음이란 구원을 위해서 그리스도만 전인격적으로 신뢰하는 것입니다.

믿음이란 우리의 구원을 위한 신뢰의 대상을 우리 자신에게서 그리스도께로 옮기는 것입니다. 우리의 선한 행위로 천국에 갈 수 없어서 예수님이 우리를 천국으로 인도하실 수 있는 분으로 인정하고 그분만을 신뢰하고 의뢰하는 것입니다.

우리 스스로 우리의 죄의 문제를 해결할 수 없어서 이 구원 문제를 전적으로 예수님께 의뢰하는 것입니다.

2. 믿음이란 올바른 대상을 믿는 것입니다.

믿음의 시작은 단순히 하나님이 존재하신다는 사실을 믿는 것입니다.

> "믿음이 없이는 하나님을 기쁘시게 하지 못하나니 하나님께 나아가는 자는 반드시 그가 계신 것과 또한 그가 자기를 찾는 자들에게 상 주시는 이심을 믿어야 할지니라"(히 11:6)

여기서 '그가 계신 것과 자기를 찾는 자들에게'라는 말은 참된 믿음을 가지고 하나님께 나아가는 자는 반드시 하나님이 존재하신다는 것을 믿어야 합니다. 그러나 하나님이 존재하신다는 것을 믿는 것만으로는 부족합니다. 하나님이 존재하신다는 것을 믿는다면 이제는 그분을 찾고 불러야 합니다.

> "너희는 여호와를 만날 만한 때에 찾으라 가까이 계실 때에 그를 부르라."(사 55:6)

우리가 하나님을 간절히 찾고 부를 때 하나님께서 만나 주시고 우리를 살려 주시겠다고 약속하셨습니다.

> "너희가 전심으로 나를 찾고 찾으면 나를 만나리라, 여호와께서 이스라엘 족속에게 이르시기를 너희는 나를 찾으라 그리하면 살리라"(렘 29:13, 암 5:4).

3. 믿음이란 예수님을 구세주와 주인으로 영접하는 것입니다.

우리가 예수 그리스도를 영접할 때 하나님의 자녀가 되고 오직 하나님께로부터 거듭난 자가 됩니다.

> "영접하는 자 곧 그 이름을 믿는 자들에게는 하나님의 자녀가 되는 권세를 주셨으니 이는 혈통으로나 육정으로나 사람의 뜻으로 나지 아니하고 오직 하나님께로부터 난 자들이니라"(요 1:12-13)

4. 믿음이란 하나님의 말씀과 하나님의 약속을 확실하게 믿는 것입니다.

존 맥아더는 그의 책 <구원이란 무엇인가?>에서 참된 믿음을 이렇게 소개합니다.

"믿음은 하나님의 약속을 현재시제로 바꾸어 놓습니다. 다른 말로 하면 참된 믿음은 하나님의 말씀을 절대적으로 받아들입니다. 믿음은 그 약속을 하신 분에 대한 초자연적인 확신, 의존입니다. 믿음은 모호하고 부정확한 미래에 일어날지도 모를, 무언가에 대한 불확실한 소망이 아닙니다. 믿음은 지금 이곳에 바라는 것들에 대한 확신을 가져오는 절대적인 신뢰입니다. 믿음은 모호하거나 불확실한 것이 아니라 구체적이고 명확한 확신입니다. 믿음은 미래의 실제성에 대한 현재의 확신입니다. 믿음은 단순히 복음의 진리와 그리스도의 신뢰성에 대한 초자연적인 확신입니다.

이 확실한 믿음은 분명 하나님이 우리 안에서 행하시는 역사입니다."(P. 55-57). 사도 바울은 믿음이 오는 경로를 소개합니다.

> "그러므로 믿음은 들음에서 나며 들음은 그리스도의 말씀으로 말미암았느니라"(롬 10:17)

구원을 얻는 믿음은 그리스도의 말씀을 듣는 것으로 시작됩니다. 아무리 공자의 말씀이 훌륭하더라도 그것을 들어서는 믿음이 생기지 않습니다. 믿음은 오직 하나님의 말씀을 통해서만 가능합니다. 하나님의 말씀에서 나온 것이 아니면 믿음이 아닙니다.

그러나 어떤 사람들은 하나님의 말씀이 아닌 다른 잘못된 믿음의 대상들을 의뢰합니다. 인간의 신념이 그 대상입니다. 우리는 신념과 올바른 믿음을 구분해야 합니다. 인간의 신념은 인간이 바라는 희망과 같습니다. 그 희망은 인간이 바랄 뿐이지 이루어지지 않을 수도 있습니다. 그러나 올바른 믿음은 반드시 이루어지는 소망과 같습니다.

그 결과를 하나님이 책임지고 보장하십니다. 우리가 분명히 예수 그리스도를 믿으면 천국이 보장되고 확실하게 이루어집니다. 그러므로 올바른 믿음의 대상은 하나님과 그분의 기록된 말씀입니다. 하나님의 말씀은 우리를 향한 약속의 말씀입니다.

믿음이란 하나님께서 약속하신 말씀은 반드시 그대로 이루어진다고 믿는 것입니다. 누가 약속했는지 약속하신 대상이 중요합니다.

사도 바울은 사도행전 27장 25절에서 하나님이 약속하셨으니 하나님이 약속하신 것은 반드시 그대로 이루어진다고 믿고 받아들입니다.

> "그러므로 여러분이여 안심하라 나는 내게 말씀하신 그대로 되리라고 하나
> 님을 믿노라"

물론 이 말씀은 바울이 죄수로 잡혀서 로마로 호송되다가 '유라굴로'라는 태풍을 만나 여러 날 동안 해와 별이 보이지 않고 구조될 가능성이 전혀 없는 바다 가운데서 말한 내용입니다.

> "얼마 안 되어 섬 가운데로부터 유라굴로라는 광풍이 크게 일어나니 배가
> 밀려 바람을 맞추어 갈 수 없어 가는 대로 두고 쫓겨가다가 가우다라는 작
> 은 섬 아래로 지나 간신히 거루를 잡아 끌어 올리고 줄을 가지고 선체를 둘
> 러 감고 스르디스에 걸릴까 두려워하여 연장을 내리고 그냥 쫓겨가더니 우
> 리가 풍랑으로 심히 애쓰다가 이튿날 사공들이 짐을 바다에 풀어 버리고 사
> 흘째 되는 날에 배의 기구를 그들의 손으로 내버리니라 여러 날 동안 해도
> 별도 보이지 아니하고 큰 풍랑이 그대로 있으매 구원의 여망마저 없어졌더
> 라"(행 27:14-20)

하지만 하나님이 바울에게 나타나서 비록 배는 파선되지만 배 안에 있는 생명은 바울을 포함하여 모든 사람이 죽지 않는다고 약속하셨습니다. 바울은 하나님이 말씀하신 것을 그대로 믿었습니다. 하나님은 바울에게 분명하게 말씀하셨고, 바울은 분명하게 믿음으로 반응했습니다.

> "내가 너희를 권하노니 이제는 안심하라 너희 중 아무도 생명에는 아무런 손
> 상이 없겠고 오직 배뿐이리라 내가 속한 바 곧 내가 섬기는 하나님의 사자가
> 어제 밤에 내 곁에 서서 말하되 바울아 두려워하지 말라 네가 가이사 앞에
> 서야 하겠고 또 하나님께서 너와 함께 항해하는 자를 다 네게 주셨다 하였으

니 그러므로 여러분이여 안심하라 나는 내게 말씀하신 그대로 되리라고 하나님을 믿노라"(행 27:22-25)

5. 믿음이란 구원을 얻기 위하여 개인적으로 믿는 것입니다.

사도 바울은 하나님께서 자신에게 말씀하신 그대로 되리라고 믿었습니다.

"나에게 말씀하신 그대로 되리라고"

이것이 바울의 믿음이었습니다. 그러므로 하나님께서 분명하게 개인에게 말씀하신 내용이 있어야 합니다. 만일 하나님이 개인에게 말씀해 주신 내용이 없다면 그 사람은 믿을 수 없습니다. 하나님은 성경을 통해서 우리 개인에게 아주 명확하게 말씀하셨습니다.

"모든 인간은 죄인이다. 그 죄 때문에 지옥에 들어가는 것이다. 하나님이 우리를 사랑하셔서 예수 그리스도를 통하여 우리의 모든 죄의 값을 이미 다 치르셨다. 그러므로 누구든지 그 사실을 믿고 회개하고 예수 그리스도를 영접하면 하나님의 자녀가 되어 언제 죽어도 하늘나라에 당당하게 들어갈 수 있는 것이다."

이것이 성경에서 우리에게 말씀하시는 약속의 말씀입니다. 만일 우리가 어떤 사람의 인격을 믿지 못한다면 그 사람이 하는 약속도 믿지 못할 것입니다. 우리가 하나님의 인격을 믿을 수 있다면 그분이 하신 약속도 믿을 수 있습니다. 하나님은 약속을 어기는 인간이 아니십니다. 하나님은 약속하신 것을 반드시 이행하십니다. 성경은 하나님께서 약속하신 책입니다. 성경은 우리가 믿기만 하면 죄가 하나도 없는 의인으로 거듭날 수 있다고 약속합니다. 우리가 구원을 받을 수 있다고 약속합니다

> "하나님은 사람이 아니시니 거짓말을 하지 않으시고 인생이 아니시니 후회가 없으시도다 어찌 그 말씀하신 바를 행하지 않으시며 하신 말씀을 실행하지 않으시랴"(민 23:19)

예수님은 우리의 모든 죄의 값을 단번에 다 치르셨습니다. 그러나 우리가 그 사실을 믿지 않는다면 아무 소용이 없습니다. 하지만 우리가 오직 믿기만 하면 우리는 죄인이 아니라 오히려 의인으로 인정해 주시고 하나님의 자녀로 인정해 주십니다. 그 조건은 믿음과 회개입니다.

어떤 사람이 하나님 앞에 정죄를 당하고 지옥에 들어가는 것은 그 사람이 과거에 무슨 죄를 얼마나 많이 지었느냐, 짓지 않았느냐에 달려 있지 않습니다. 그것이 문제가 아닙니다. 어차피 모든 사람은 다 죄인입니다. 죄를 짓고 안 짓는 것이 문제가 아니라 예수님을 믿고 받아드렸느냐, 거절했느냐 그것이 심판의 기준입니다. 하나님께서 우리의 죄를 해결할 수 있는 구원의 길을 열어 주셨는데, 그 길을 거역하고 자신을 대속하신 예수님 십자가의 사랑을 무시하고 믿지 않기 때문에 그 사람은 지옥에 들어갑니다. 하지만 예수님이 우리를 대신해서 죄의 값을 다 치르셨다는 사실을 믿고, 회개하고, 이 기쁜 소식을 받아들이면 우리는 심판을 받지 않고 하늘나라에 들어갑니다.

"그를 믿는 자는 심판을 받지 아니하는 것이요 믿지 아니하는 자는 하나님의 독생자의 이름을 믿지 아니하므로 벌써 심판을 받은 것이니라"(요 3:18)

결국 믿음은 곧 하늘나라요, 불신은 지옥입니다. 하나님은 다른 것을 보시는 것이 아니라 우리의 참된 믿음을 보시기 원하십니다. 믿음과 불신의 결과는 엄청난 차이가 있습니다.

6. 믿지 않으면 가장 악한 마음이 됩니다.

예수님께서 십자가에서 우리의 죄의 문제를 다 해결해 놓으시고 믿으라고 하는데 우리가 그것을 믿지 않으면 히브리서 3장 12절은 가장 악한 마음과 가장 완고한 마음이 된다고 말합니다.

"형제들아 너희는 삼가 혹 너희 중에 누가 믿지 아니하는 악한 마음을 품고 살아 계신 하나님에게서 떨어질까 조심할 것이요"

여기서 '믿지 아니하는 악한 마음'이란 믿지 아니하면 악한 마음이 되는 것을 말합니다. 그리고 그런 악한 마음을 가진 자는 살아 계신 하나님에게서 떨어집니다. 그래서 믿지 않는 마음은 가장 악한 마음입니다.
그렇다면 사람들이 믿지 않고 받아들이지 않는 이유가 무엇일까요?
히브리서 3장 13절은 믿지 않고 받아들이지 않는 이유는 죄의 유혹으로 마음이 완고하게 되었기 때문이라고 말합니다.

"오직 오늘이라 일컫는 동안에 매일 피차 권면하여 너희 중에 누구든지 죄의 유혹으로 완고하게 되지 않도록 하라"

여기서 "죄의 유혹으로 완고하게 되는 것"은 하나님 없이 그냥 살아가겠다고 고집을 부리는 것입니다. 결국 마음이 완고하게 되어 굳어 있는 마음, 닫혀 있는 마음이 됩니다. 하나님을 믿지 않고 그냥 살아가겠다는 그런 악한 마음이 됩니다. 그러면 우리는 언제 완고한 마음을 가지지 말아야 할까요? 그것은 하나님의 말씀을 통해 복음을 들었을 때입니다.

그래서 히브리서 3장 7절과 8절과 15절과 4장 7절은 반복해서 "오늘날 너희가 하나님의 음성을 듣거든……. 너희 마음을 완고하게 하지 말라"라고 말씀합니다.

7. 믿음이란 복음의 말씀에 믿음으로 반응하는 것입니다.

우리 예수님께서 우리의 구원을 위하여 십자가에서 이루어 놓은 복음의 말씀이 잘못되어서 사람들이 받아들이지 않고 믿지 않을까요? 그렇지 않습니다. 히브리서 4장 2절에서 복음의 말씀을 전하였는데도 그들이 들은 '복음의 말씀이 유익이 되지 못한 것은 듣는 자가 믿음과 결부시키지 아니함이라'라고 말씀합니다. 전해진 복음의 말씀을 받아들여야 그 말씀이 유익이 되고 우리에게 구원을 이루어 주는데 믿지 아니하니 복음의 말씀이 유익이 되지 못하고 아무런 효력이 나타나지 않습니다.

그러면 우리가 복음의 말씀을 받아들이고 믿으면 어떤 역사가 일어날까요? 우리는 당연히 구원을 얻고 마음에 참된 쉼을 얻습니다. 그래서 히브리서 3장 18절과 19절에서 믿지 아니하는 사람은 하나님의 참된 안식에 들어가지 못하지만, 히브리서 4장 3절에서 "이미 믿는 우리들은 저 안식에 들어가는 도다"라고 말씀합니다. 그리고 히브리서 4장 10절은 "이미 그의 안식에 들어간 자는 하나님이 자기의 일을 쉬심과 같이 그도 자기의 일을 쉬느니라"라고 말씀합니다.

우리의 구원을 위해서 또 다른 일이 필요한 것이 아닙니다. 구원을 유지하려고 일할 필요도 없습니다. 이제는 이미 구원이 이루어졌기에 하나님께 감사해서 하나님께 보답하기 위해서 일하고 하늘의 상급을 바라보고 일하는 것입니다. 우리의 믿음으로 놀라운 행복을 누리는 것입니다. "일을 아니할지라도 경건하지 아니한 자를 의롭다 하시는 이를 믿는 자에게는 그의 믿음을 의로 여기시나니 일한 것이 없이 하나님께 의로 여기심을 받는 사람의 복에 대하여 다윗이 말한 바"(롬 4:5-6) 우리는 일을 아니할지라도, 일한 것이 없이 하나님께 의인으로 인정을 받는 축복을 누립니다.

거듭남

우리가 받은 구원의 경험을 우리는 거듭남으로 설명할 수 있습니다. 구원이란 죄와 허물로 죽은 사람을 다시 살리는 하나님의 단독 사역으로서 이러한 구원의 경험을 거듭남이라고 부릅니다. 거듭남이란 다른 말로 말하면 중생이라고 하는데 한문으로 거듭할 중(重)과 날생(生)의 중생은 기독교에서 말하는 중생으로 죄와 허물로 죽은 인간이 다시 새롭게 태어나 새사람이 되는 것을 말합니다. 그러므로 중생은 구원의 가장 중요한 경험이며 체험입니다.

1. 인간의 육체적인 출생도 신비로운 사건입니다.

사랑하는 남녀가 만나 결혼을 하고 가정을 꾸리면 새로운 생명이 태어납니다. 그런데 새로운 생명으로 태어나는 과정은 참으로 신비로운 사건입니다. 그리고 새로운 생명은 정자와 난자의 만남으로 시작됩니다. 새로운 생명이 태어나기까지 여러 과정을 거치는데 수정과 수정란과 착상과 분만이라는 과정을 거쳐 새로운 생명으로 태어납니다. 여기서 수정이란 정자와 난자가 만나는 것을 수정이라고 합니다. 그리고 수정란은 정자와 난자가 만나 세포가 된 것을 수정란이라고 합니다. 그리고 착상은 수정란이 수란관으로부터 자궁으로 이동하여 자궁 내벽에 자리 잡게 되는 것을 착상이라고 합니다. 그리고 착상된 수정란은 모체로부터 산소와 영양을 공급받으면서 태아로 자라게 됩니다. 그러므로 정자와 난자가 수정되어 태아로 성장하는 전 과정을 임신이라고 하며, 약 10개월이 지나 임신한 태아가 분만을 하면 새로운 생명이 태어납니다.

그런데 여성의 난소에서 배출된 한 개의 난자와 남성의 정소에서 생산된 수억 개의 정자 중 단 한 개의 정자와 만남으로써 이루어지는데 그 확률은 3억 분의 1의 확률이라고 합니다. 그러므로 이러한 새로운 생명의 탄생은 이 세상의 모든 과학을 다 동원해도 설명할 수 없는 정말 신비스러운 기적입니다.

그런데 거듭남도 신비로운 사건입니다. 처음에는 하나님을 전혀 모르던 사람이 하나님의 사랑으로 완성한 복음을 듣고 하나님의 자녀로 새롭게 태어나는 거듭남도 가장 신비로운 사건입니다. 그러므로 완전한 복음을 듣고 순간적으로 새롭게 태어나는 것을 거듭남이라고 부릅니다. 구원의 경험을 가장 잘 설명하는 내용이 거듭남입니다. 그러므로 어떤 사람이 복음을 듣고 거듭나게 되면 그때부터 하나님의 말씀이 깨달아지고 재미있어지고, 사모하게 됩니다. 도덕적으로 문제가 있는 여인이라도 거듭나게 되면 현숙한 여인으로 변화가 되고, 늘 폭력을 행사하던 사람이 거듭나게 되면 성숙한 사람으로 변화됩니다.

2. 거듭남이란 무엇일까요?

거듭남이란 "위로부터 난다, 다시 태어난다, 두 번 태어난다, 죄인이 새로운 피조물로 태어난다"라는 의미입니다. 우리가 예수 그리스도를 믿게 되는 순간 하나님께서 영적인 생명을 주셔서 다시 새롭게 태어나는 것을 '거듭남'이라고 합니다. 그러므로 거듭남은 진행 과정이 아니라, 순간적인 사건으로 죄인이 하나님의 자녀로 새롭게 태어나는 것입니다.

거듭난 자는 하나님으로부터 몇 가지 선물을 받게 됩니다.

1) 거듭난 사람은 새 생명을 소유하고 새로운 피조물이 됩니다.

"그런즉 누구든지 그리스도 안에 있으면 새로운 피조물이라 이전 것은 지나갔으니 보라 새것이 되었도다"(고후 5:17)

2) 거듭난 사람은 하나님으로부터 새로운 성품을 받게 됩니다.

"이로써 그 보배롭고 지극히 큰 약속을 우리에게 주사 이 약속으로 말미암아 너희가 정욕 때문에 세상에서 썩어질 것을 피하여 신성한 성품에 참여하는 자가 되게 하려 하셨느니라"(벧후 1:4)

3) 거듭난 사람은 하나님으로부터 새로운 마음을 받게 됩니다.

"맑은 물을 너희에게 뿌려서 너희로 정결하게 하되 곧 너희 모든 더러운 것에서와 모든 우상 숭배에서 너희를 정결하게 할 것이며 또 새 영을 너희 속에 두고 새 마음을 너희에게 주되 너희 육신에서 굳은 마음을 제거하고 부드러운 마음을 줄 것이며"(겔 36:25-26)

4) 거듭난 사람은 하나님과 새로운 관계로 들어가서 하나님의 자녀가 됩니다.

"영접하는 자 곧 그 이름을 믿는 자들에게는 하나님의 자녀가 되는 권세를 주셨으니"(요 1:12)

5) 거듭난 사람은 하나님으로부터 새로운 통찰력인 영적인 통찰력을 받습니다.

"예수께서 대답하여 이르시되 진실로 진실로 네게 이르노니 사람이 거듭나지 아니하면 하나님의 나라를 볼 수 없느니라"(요 3:3)
그러므로 거듭난 사람은 하나님 나라를 볼 수 있습니다.

6) 거듭난 사람은 새사람이 됩니다.

"오직 너희의 심령이 새롭게 되어 하나님을 따라 의와 진리의 거룩함으로 지으심을 받은 새 사람을 입으라"(엡 4:23-24)

우리가 거듭났기 때문에 새로운 도덕적 성향을 지니고 도덕적으로도 바르게 살아가는 새사람이 됩니다.

3. 성경에서 거듭난 사람 : 니고데모

성경에서 하나님으로부터 거듭나는 과정을 보여 주는 장면은 요한복음 3장에 등장하는 네고데모입니다. 그런데 예수님은 니고데모에게 "내가 네게 거듭나야 하겠다 하는 말을 놀랍게 여기지 말라"(요 3:7)라고 말씀하셨습니다. 니고데모는 유대인의 관원이요, 선생이요, 경건한 사람이었습니다. 그러나 니고데모는 자신이 믿던 종교가 채울 수 없는 그 무엇이 필요했습니다. 니고데모가 필요로 한 것은 한번 태어난 것으로는 결코 얻을 수 없었습니다. 니고데모가 행한 어떤 공로로도 얻을 수 없었습니다. 예수님께서는 니고데모에게 요한복음 3장 3절을 통하여 "진실로 진실로 네게 이르노니 사람이 거듭나지 아니하면 하나님의 나라를 볼 수 없느니라"라고 말씀하셨습니다. 니고데모는 "거듭나는 진리"를 알지 못했습니다. 그래서 니고데모는 예수님께 요한복음 3장 4절에서 "니고데모가 이르되 사람이 늙으면 어떻게 날 수 있사옵나이까 두 번째 모태에 들어갔다가 날 수 있사옵나이까"라고 질문합니다. 니고데모뿐만 아니라 모든 사람이 필요로 하는 구원은 영적으로 두 번 태어나야만 얻을 수 있습니다.

4. 인간은 왜 거듭나야 할까요?

사람들은 죄와 허물로 말미암아 영적으로 죽어 있어 거듭나야 합니다. 누구든지 인간으로 태어나면 아담의 원죄를 물려받아 죄인으로 태어나기 때문에 영적으로 죽어 있습니다. 영적으로 죽은 사람은 하나님과 교통할 수 없어 관계를 맺을 수 없습니다. 아담과 하와가 선악과를 따먹고 타락하는 순간 그들은 영적으로 죽었기 때문에 하나님과의 관계가 깨어지고 말았습니다.

그러므로 영적으로 죽은 인간에게는 영생이 없습니다. 또한 영생이 없는 사람은 누구든지 하늘나라에 들어갈 수 없습니다. 영생이 있는 사람만 하늘나라에 들어갈 수 있습니다. 그러므로 우리 예수님께서 이 세상에 오신 목적은 우리에게 영생을 주기 위해서 오셨습니다.

> "내가 온 것은 양으로 생명을 얻게 하고 더 풍성히 얻게 하려는 것이라"(요 10:10)

예수님께서 십자가 위에서 죽으신 이유도 우리에게 영생을 주기 위함입니다. 하나님 아버지께서 예수님을 이 세상에 보내신 목적도 우리에게 영생을 얻게 하려는 것입니다.

> "하나님이 세상을 이처럼 사랑하사 독생자를 주셨으니 이는 그를 믿는 자마다 멸망하지 않고 영생을 얻게 하려 하심이라"(요 3:16)

그러므로 우리는 거듭나야 합니다. 우리가 새롭게 태어나야 영생을 얻고 하나님과 교제할 수 있습니다. 그렇다면 허물과 죄는 무엇일까요? 이사야는 우리의 허물 때문에 예수님이 찔리셨고, 우리의 죄악 때문에 상하셨고, 우리의 평화를 위해서 예수님께서 징계를 받으셨고, 우리의 치유를 위해서 채찍에 맞았다고 말합니다.

"그가 찔림은 우리의 허물 때문이요 그가 상함은 우리의 죄악 때문이라 그가 징계를 받으므로 우리는 평화를 누리고 그가 채찍에 맞으므로 우리는 나음을 받았도다"(사 53:5)

그러므로 우리 예수님께서는 우리의 허물 때문에 찔리셨고, 우리의 죄악 때문에 상함을 받으셨습니다. 이사야는 계속해서 우리의 허물을 빽빽한 구름의 사라짐같이, 우리의 죄를 안개의 사라짐 같이 용서하셨다고 말합니다.

"내가 네 허물을 빽빽한 구름 같이, 네 죄를 안개 같이 없이하였으니 너는 내게로 돌아오라 내가 너를 구속하였음이니라"(사 44:22)

바울은 에베소교회 성도들에게 거듭남을 설명하면서 "그는 허물과 죄로 죽었던 너희를 살리셨도다"(엡 2:1)라고 말합니다. 그러므로 여기서 말하는 죄는 아담으로부터 물려받은 원죄를 나타내고, 허물은 아담으로부터 물려받은 죄성을 가지고 우리 인간이 실제로 죄를 범한 자범 죄를 나타냅니다. 그러나 이제 우리는 허물과 죄를 용서받고 하나님의 자녀가 되었습니다.

5. 그렇다면 인간이 거듭나야 할 이유가 무엇일까요?

1) 인간은 전적으로 타락하였기 때문입니다.
인간은 죄의 본성을 가지고 태어나기 때문입니다.

"내가 죄악 중에서 출생하였음이여 어머니가 죄 중에서 나를 잉태하였나이
다"(시 51:5)

인간은 죄악을 가지고 태어나 부패했습니다. 인간은 이러한 본성에 굴복
하므로 죄인의 길을 자초하는 것입니다. 시편 기자는 이같이 말씀합니다.

"악인은 모태에서부터 멀어졌음이여 나면서부터 곁길로 나아가 거짓을 말
하는도다"(시 58:3)

이 말씀은 인간은 자연적으로 태어나면서부터 범죄의 본성을 가지고 있
다는 것을 증명합니다. 솔로몬도 이같이 말합니다.

"채찍과 꾸지람이 지혜를 주거늘 임의로 행하게 버려둔 자식은 어미를 욕되
게 하느니라"(잠 29:15)

이러한 경우는 수없이 많이 실증으로 보여왔습니다. 왜 인간들과 나라들
이 이처럼 타락하여 하나님이 그들을 멸망시키게 하였을까요? 왜 이 세상
이 홍수로 멸망하였을까요? 왜 소돔과 고모라 성이 불로 멸망했을까요?
왜 하나님께서 장차 이 세상이 불로 멸망할 것을 우리에게 말할까요? 그
대답은 인간의 죄 때문입니다. 인간이 자기의 죄의 본성에 굴복하고 육신
의 정욕과 안목의 정욕과 이생의 자랑을 따라 평안과 행복을 구하려고 한
다면 그들은 하나님께 나아갈 수 없습니다.

2) 하나님을 찾는 자가 없기 때문입니다.

로마서 3장 10절부터 18절에는 하나님이 보시는 인간의 본래 상태를 말

해 줍니다.

> "기록된 바 의인은 없나니 하나도 없으며 깨닫는 자도 없고 하나님을 찾는 자도 없고 다 치우쳐 함께 무익하게 되고 선을 행하는 자는 없나니 하나도 없도다 그들의 목구멍은 열린 무덤이요 그 혀로는 속임을 일삼으며 그 입술에는 독사의 독이 있고 그 입에는 저주와 악독이 가득하고 그 발은 피 흘리는 데 빠른지라 파멸과 고생이 그 길에 있어 평강의 길을 알지 못하였고 그들의 눈 앞에 하나님을 두려워함이 없느니라 함과 같으니라"

그러므로 우리가 다시 태어나지 않는 한 우리는 하나님이 보실 때 이와 같습니다. 이것은 바로 우리 인간의 상태이며 이 세상에 있는 모든 사람의 형편입니다.

3) 인간은 모두가 진노의 자식들이기 때문입니다.

에베소서 2장 2절과 3절은 거듭난 사람들에 관해 기록한 말씀인데 그들이 거듭나기 전에 어떠했는지를 우리에게 말해 줍니다.

> "그 때에 너희는 그 가운데서 행하여 이 세상 풍조를 따르고 공중의 권세 잡은 자를 따랐으니 곧 지금 불순종의 아들들 가운데서 역사하는 영이라 전에는 우리도 다 그 가운데서 우리 육체의 욕심을 따라 지내며 육체와 마음의 원하는 것을 하여 다른 이들과 같이 본질상 진노의 자녀이었더니"

우리가 거듭나기 전에는 이 세상 풍속을 좇고 공중의 권세 잡은 자 곧 사탄을 따라 행하였다는 것을 주목하십시오. 우리는 불순종의 영을 가지고 있었습니다. 우리의 행실은 육체의 욕심을 따라 그 원하는 것을 행하여 본성적으로 진노 곧 사탄의 자녀이었습니다. 이런 이유로 우리는 다시 태어나야만 합니다. 다시 태어나지 않은 사람은 모두가 잘못된 아비 마귀 사탄을 갖고 있습니다.

> "너희는 너희 아비 마귀에게서 났으니 너희 아비의 욕심대로 너희도 행하고 자 하느니라 그는 처음부터 살인한 자요 진리가 그 속에 없으므로 진리에 서 지 못하고 거짓을 말할 때마다 제 것으로 말하나니 이는 그가 거짓말쟁이요 거짓의 아비가 되었음이라"(요 8:44)

4) 인간들의 마음이 거짓되고 심히 부패했기 때문입니다.
예레미야 17장 9절은 "만물보다 거짓되고 심히 부패한 것은 마음이라 누 가 능히 이를 알리요마는"이라고 말합니다. 또한 마가복음 7장 21절부터 23절에는 이렇게 기록되어 있습니다.

> "속에서 곧 사람의 마음에서 나오는 것은 악한 생각 곧 음란과 도둑질과 살 인과 간음과 탐욕과 악독과 속임과 음탕과 질투와 비방과 교만과 우매함이 니 이 모든 악한 것이 다 속에서 나와서 사람을 더럽게 하느니라"

인간이 자기 마음을 변화시킬 수가 없는 것은 마치 표범이 그 가죽의 반 점을 없앨 수 없는 것과 같습니다. 인간은 새로운 마음이 필요한데 이것 을 얻을 수 있는 유일한 길은 거듭나야 합니다.

5) 인간이 영적인 일들을 깨닫지 못하기 때문입니다.
고린도전서 2장 14절은 "육에 속한 사람은 하나님의 성령의 일들을 받지 아니하나니 이는 그것들이 그에게는 어리석게 보임이요, 또 그는 그것들을 알 수도 없나니 그러한 일은 영적으로 분별 되기 때문이라"라고 말합니다. 영적인 일들을 이해하려면 영적인 사람이 되어야 하는데 한번 태어난 사람이 영적인 사람이 되려면 다시 태어나는 길 밖에는 없습니다.

6) 육신에 속한 자들은 하나님을 기쁘시게 할 수 없기 때문입니다.

"육신의 생각은 하나님과 원수가 되나니 이는 하나님의 법에 굴복하지 아니할 뿐 아니라 할 수도 없음이라 육신에 있는 자들은 하나님을 기쁘시게 할 수 없느니라"(롬 8:7-8)

하나님은 구원받지 못한 사람은 모두가 육신 가운데 행하는 것으로 보시며, 거듭난 모든 사람은 성령 안에서 행하는 것으로 보십니다. 그러므로 인간이 거듭나기 전에는 자기의 선한 행실로는 하나님 앞에서 의롭다고 할 수 없습니다. 인간이 아무리 사람들 앞에 옳게 보여도 그는 하나님 앞에서는 더러운 옷같이 보입니다.

"무릇 우리는 다 부정한 자 같아서 우리의 의는 다 더러운 옷 같으며 우리는 다 잎사귀 같이 시들므로 우리의 죄악이 바람 같이 우리를 몰아가나이다"(사 64:6)

하나님이 인정하시는 유일한 의는 그리스도를 믿을 때 주어지는 의인 것입니다. 이러한 의는 다만 새롭게 태어나야만 얻을 수 있습니다. 선한 행실이나 율법의 행위로는 아무 육체라도 의롭게 될 수 없습니다. 하나님 앞에서 인간이 의롭게 될 수 있는 유일한 방법은 다시 태어나는 길밖에는 없습니다.

7) 인간이 사망의 형벌 아래 있기 때문입니다.

하나님은 로마서 6장 23절에서 "죄의 삯은 사망이요"라고 말씀하시며, 또한 사도 요한은 "그러나 두려워하는 자들과 믿지 아니하는 자들과 흉악한 자들과 살인자들과 음행하는 자들과 점술가들과 우상 숭배자들과 거짓 말하는 모든 자들은 불과 유황으로 타는 못에 던져지리니 이것이 둘째 사망이라"(계 21:8)라고 말합니다. 여기에 여러 가지 다른 부류의 사람들이 포함되어 있습니다. 우리 인간은 이들 가운데 하나입니다.

"악인들이 스올로 돌아감이여 하나님을 잊어버린 모든 이방 나라들이 그리 하리로다"(시 9:17)

새로 태어나지 않고는 인간이 이 형벌을 피할 수가 없습니다. 하나님은 이 일에 우리에게 선택권을 주셨습니다. 우리 앞에 생명의 길과 멸망의 길이 놓여 있습니다. 우리가 하나님의 말씀을 등한시하고 죄 가운데 행하다가 죽어 지옥에 갈 수가 있습니다. 하지만 우리가 하나님께 죄를 시인하고 회개하고 예수 그리스도를 유일한 구주와 인생의 주인으로 믿고 영접하실 수 있습니다.

5. 어떻게 거듭날 수 있을까요?

요한복음 3장 5절은 우리가 물과 성령으로 거듭나게 된다고 말합니다.

"예수께서 대답하시되 진실로 진실로 네게 이르노니 사람이 물과 성령으로

나지 아니하면 하나님의 나라에 들어갈 수 없느니라"

여기서 말하는 물은 하나님의 말씀입니다. 바울은 에베소서 5장 26절에서 말씀으로 깨끗하게 된다고 말합니다.

"이는 곧 물로 씻어 말씀으로 깨끗하게 하사 거룩하게 하시고"

사도 베드로도 베드로전서 1장 23절에서 우리가 거듭나는 통로는 오직 말씀이라고 말합니다.

"너희가 거듭난 것은 썩어질 씨로 된 것이 아니요 썩지 아니할 씨로 된 것이니 살아 있고 항상 있는 하나님의 말씀으로 되었느니라"

사도 야고보도 야고보서 1장 18절에서 거듭남의 도구는 하나님의 말씀이라고 소개합니다.

"그가 그 피조물 중에 우리로 한 첫 열매가 되게 하시려고 자기의 뜻을 따라 진리의 말씀으로 우리를 낳으셨느니라"

그러므로 우리가 구원을 받으려면 하나님의 말씀이 있어야 합니다. '누가'는 사도행전 11장 14절에서 우리가 구원을 받을 도구는 하나님 말씀이라고 말합니다.

"그가 너와 네 온 집이 구원받을 말씀을 네게 이르리라 함을 보았다 하거늘"

또한 우리는 성령으로 거듭나게 됩니다. 우리가 성경의 말씀을 통해 완전한 복음의 말씀을 들을 때 성령께서 역사하셔서 우리가 거듭나게 됩니다.

그러므로 바울은 데살로니가전서 1장 5절에서 우리가 듣는 복음은 말로만 전해지는 것이 아니라 성령으로 전해진다고 말합니다.

"이는 우리 복음이 너희에게 말로만 이른 것이 아니라 또한 능력과 성령과 큰 확신으로 된 것임이라 우리가 너희 가운데서 너희를 위하여 어떤 사람이 된 것은 너희가 아는 바와 같으니라"

그러므로 우리가 구원의 복음을 듣고 믿으면 성령께서 하나님의 자녀로 우리를 인을 치십니다.

"그 안에서 너희도 진리의 말씀 곧 너희의 구원의 복음을 듣고 그 안에서 또한 믿어 약속의 성령으로 인치심을 받았으니"(엡 1:13)

우리가 에스겔에서 마른 뼈들에게 하나님의 말씀을 대언하니 말씀을 들은 뼈들이 맞추어지고 생기가 들어가니 다시 살아나는 역사가 일어나는 역사를 볼 수 있습니다(겔 37:1-14). 그럴 뿐만 아니라 죽어 있는 나사로가 "나사로야 일어나라"라는 예수님의 말씀을 듣고 다시 살아났습니다. 그러므로 우리가 거듭나는 도구는 하나님의 말씀과 성령의 역사입니다. 우리가 복음의 말씀을 듣고 성령께서 깨닫게 하실 때, 예수님을 믿고 죄를 회개하고 예수 그리스도를 구주와 삶의 주인으로 영접하면 하나님께서 우리를 하나님의 자녀로 새롭게 태어나게 합니다.

"너희가 거듭난 것은 썩어질 씨로 된 것이 아니요 썩지 아니할 씨로 된 것이니 살아 있고 항상 있는 하나님의 말씀으로 되었느니라 그러므로 모든 육체는 풀과 같고 그 모든 영광은 풀의 꽃과 같으니 풀은 마르고 꽃은 떨어지되 오직 주의 말씀은 세세토록 있도다 하였으니 너희에게 전한 복음이 곧 이 말씀이니라, 바람이 임의로 불매 네가 그 소리는 들어도 어디서 와서 어디로 가는지 알지 못하나니 성령으로 난 사람도 다 그러하니라, 영접하는 자 곧 그 이름을 믿는 자들에게는 하나님의 자녀가 되는 권세를 주셨으니 이는 혈통으로나 육정으로나 사람의 뜻으로 나지 아니하고 오직 하나님께로부터 난 자들이니라"(벧전 1:23-25, 요 3:8, 1:12-13).

그러므로 우리가 예수님을 우리 삶의 주인과 구세주로 의지하고 영접하는 순간 우리는 하나님의 자녀로 새롭게 태어납니다. 이 거듭남은 과정이 아니라 순간적인 사건입니다. 거듭남을 말하는 말씀의 헬라어 동사의 형태는 모두 지속적인 행동이 아니라 순간적인 사건을 가리키는 부정 과거 시제로 기록되었거나 완성된 상태를 가리키는 완료시제로 사용되었습니다(요 1:12-13, 고후 5:17, 엡 2:1, 벧전 1:13, 23).

그러므로 거듭남은 한순간에 완성되는 사건입니다. 거듭남은 초자연적인 성령님의 사역입니다.

"육으로 난 것은 육이요 성령으로 난 것은 영이니"(요 3:6).

구원이 성부 하나님에 의해서 계획되고 시작되었으며, 실제적으로는 성자 예수님에 의하여 성취되었으나 그 구원을 믿는 자에게 적용하고 인류에 대한 하나님의 뜻을 성취한 분은 성령님이십니다. 그러므로 우리 인간에게 거듭남이 필요한 것은 우리 인간이 외부의 도움과 완전한 변화를 받지 않고서는 인류에게서 총체적으로 참된 선한 것들을 기대할 수 없기 때문입니다. 그러므로 하나님의 나라에 들어갈 수 있는 사람은 거듭난 사람입니다.

"예수께서 대답하여 이르시되 진실로 진실로 네게 이르노니 사람이 거듭나지 아니하면 하나님 나라를 볼 수 없느니라, 예수께서 대답하시되 진실로 진실로 네게 이르노니 사람이 물과 성령으로 나지 아니하면 하나님 나라에 들어갈 수 없느니라"(요 3:3-5)

하나님의 말씀은 썩지 아니할 씨앗이기 때문에 반드시 결과가 있습니다. 하나님의 말씀은 살아 있고 항상 있는 말씀이기 때문에 우리를 거듭나게 하는 좋은 도구가 됩니다.

6. 우리가 새롭게 거듭나면 예수님 안에 들어갑니다.

우리가 거듭나서 예수님 안에 들어가면 예수님은 우리에게 지혜와 의로움과 거룩함을 주십니다.

"너희는 하나님으로부터 나서 그리스도 예수 안에 있고 예수는 하나님으로부터 나와서 우리에게 지혜와 의로움과 거룩함과 구원함이 되셨으니"(고전 1:30)

우리가 새롭게 태어나면 하늘나라의 생명책에 영적 출생 신고를 하였기 때문에 우리의 이름이 생명책에 기록됩니다.

"이기는 자는 이와 같이 흰 옷을 입을 것이요 내가 그 이름을 생명책에서 결코 지우지 아니하고 그 이름을 내 아버지 앞과 그의 천사들 앞에서 시인하리라"(계 3:5)

이처럼 예수님은 우리의 이름이 기록되었다고 아버지 하나님께 보여 드리고, 천사들에게도 보여 주십니다. 우리의 이름이 생명책에 기록되었기 때문에 우리는 지옥에 들어가지 않습니다. 누가 지옥에 들어갈까요?

"누구든지 생명책에 기록되지 못한 자는 불못에 던져지더라"(계 20:15)

그러므로 생명책에 기록되지 못한 사람이 지옥에 들어갑니다. 천국에 들어가는 사람이 누구일까요? 사도 요한은 계시록 21장 1절부터 26절에서 하늘나라를 소개한 다음에 27절에서는 천국에 들어가는 사람을 소개합니다.

"무엇이든지 속된 것이나 가증한 일 또는 거짓말하는 자는 결코 그리로 들어가지 못하되 오직 어린 양의 생명책에 기록된 자들만 들어가리라"

그러므로 생명책에 기록된 사람들만 하늘나라에 들어갈 수 있습니다. 언제 우리의 이름이 하늘나라 생명책에 기록될까요?
우리가 예수님을 영접하는 순간에 우리가 새사람으로 다시 태어나는 순간에 우리의 이름이 생명책에 기록됩니다. 그 순간 하늘나라가 우리에게 보장됩니다.

"그러나 우리의 시민권은 하늘에 있는지라"(빌 3:20)

그러므로 구원을 받은 사람은 하늘나라에서 살 수 있는 시민권을 받았습니다. 이제 우리는 진리의 말씀으로 거듭나게 되었습니다.

"그가 그 피조물 중에 우리로 한 첫 열매가 되게 하시려고 자기의 뜻을 따라 진리의 말씀으로 우리를 낳으셨느니라"(약 1:18)

그러므로 우리는 중생을 통하여 새로운 피조물이 되었습니다.

"그런즉 누구든지 그리스도 안에 있으면 새로운 피조물이라 이전 것은 지나
갔으니 보라 새것이 되었도다"(고후 5:17)

그러므로 하나님께서는 중생을 통해서 우리를 다시 살리십니다.

"허물로 죽은 우리를 그리스도와 함께 살리셨고 (너희는 은혜로 구원을 받
은 것이라)"(엡 2:5)

그러므로 중생이란 죄와 허물로 죽었던 우리를 다시 살리시는 성령의 역
사입니다. 그러므로 우리가 거듭나면 새로운 생명을 경험하고, 의와 평강
과 희락을 경험합니다.

"하나님의 나라는 먹는 것과 마시는 것이 아니요 오직 성령 안에 있는 의와
평강과 희락이라"(롬 14:17)

이제 의인이 되었다는 확신과 함께 죄 사함을 받았기 때문에 기쁨과 평강
을 체험하는 것입니다. 그리고 거듭난 사람은 영적인 생명을 가지고 살아
가는 체험을 합니다.

"살리는 것은 영이니 육은 무익하니라 내가 너희에게 이른 말은 영이요 생
명이라"(요 6:63)

그리고 거듭난 사람은 성령의 인도함을 체험하게 됩니다.

"무릇 하나님의 영으로 인도함을 받는 사람은 곧 하나님의 아들이라"(롬
8:14)

구원의 확신

당신은 확실하게 구원을 받았습니까? 모든 그리스도인은 예수 그리스도께서 우리의 구원을 이루시고, 우리의 구원을 지키시고, 우리의 구원을 보존하신다는 사실을 정확하게 알고 구원의 확신을 소유해야 합니다. 구원의 안전성을 위해 우리가 구원을 어떻게 받았는지 그것을 아는 것이 매우 중요합니다. 구원의 확신이 없으면 구원을 받았더라도 마음에 기쁨을 누리지 못하기 때문입니다.

1. 당신의 구원은 이제 예수님께서 지켜주십니다.

만일 당신이 당신 자신의 선행과 당신 자신의 의와 당신 자신의 도덕적인 행위를 통해서 구원을 받았다면 당신은 같은 방법으로 구원을 지키기 위해서 노력해야 합니다. 하지만 만일 당신이 구원받기 위해서 당신의 힘이 아닌 하나님의 은혜와 십자가에 못 박히신 예수님의 공로로 구원을 받았다면 당신의 구원은 이제 예수 그리스도께서 지키십니다.

사도 바울은 디모데후서 1장 12절에서 이 사실을 아주 분명하게 말했습니다.

> "내가 믿는 자를 내가 알고 또한 내가 의탁한 것을 그날까지 그가 능히 지키실 줄을 확신함이라"

사도 바울은 예수님이 자기를 구원하셨으며, 마찬가지로 예수님이 자신의 구원을 지키신다고 선포합니다. 그는 구원에 대한 분명한 확신이 있었기 때문에 고린도전서 1장 8절에서 고린도 교회 성도들에게 이렇게 말합니다.

> "주께서 너희를 우리 주 예수 그리스도의 날에 책망할 것이 없는 자로 끝까지 견고하게 하시리라"

예수님께서 우리를 구원해 주셨기 때문에 그분이 우리의 구원을 끝까지 견고하게 지켜주시는 것입니다. 사도 베드로도 베드로전서 1장 3절부터 5절에서 우리가 받은 구원은 영원히 안전하여 무너지지 않는다고 명확하게 선포합니다.

> "우리 주 예수 그리스도의 아버지 하나님을 찬송하리로다 그의 많으신 긍휼대로 예수 그리스도를 죽은 자 가운데서 부활하게 하심으로 말미암아 우리를 거듭나게 하사 산 소망이 있게 하시며 썩지 않고 더럽지 않고 쇠하지 아니하는 유업을 잇게 하시나니 곧 너희를 위하여 하늘에 간직하신 것이라 너

희는 말세에 나타내기로 예비하신 구원을 얻기 위하여 믿음으로 말미암아 하나님의 능력으로 보호하심을 받았느니라"

긍휼함이 많으신 우리 아버지 하나님께서 우리를 거듭나게 하시고 살아 있는 참된 소망을 주셨습니다. 그분이 우리에게 기업을 주셨는데 그 기업은 강력하고 명확하고 영원히 썩지 않은 기업입니다. 어떤 것에 의해서 오염되거나 더러워질 수 있는 기업이 아닙니다. 어떠한 영향을 받게 되더라도 사라지지 않는 기업입니다. 그러므로 우리가 받은 구원은 영원히 지속되는 구원입니다.

예수님께서는 우리에게 영생을 주셨기 때문에 그분이 끝까지 책임져 주십니다. 그분은 우리 자신의 노력으로 살아가도록 내버려 두시는 분이 아닙니다. 그분이 우리의 구원을 시작하셨기 때문에 우리의 구원이 완성되는 그 날까지 책임져 주십니다. 우리가 부활하여 천국에 들어가 영생 복락을 누릴 때까지 그분이 우리의 구원을 완성하십니다. 그래서 사도 바울은 빌립보서 1장 6절에서 이렇게 말합니다.

"너희 안에서 착한 일을 시작하신 이가 그리스도 예수의 날까지 이루실 줄을 우리가 확신하노라"

우리가 올바른 참된 구원을 받았기 때문에 하나님은 우리가 어떤 시험이나 장애물들로 말미암아 어려움을 겪게 될 때도 우리가 그것들을 잘 대처하여 극복해 나갈 수 있도록 우리를 위해서 기도해 주시고 도와주십니다.

"그가 서 있는 것이나 넘어지는 것이 자기 주인에게 있으매 그가 세움을 받으리니 이는 그를 세우시는 권능이 주께 있음이라"(롬 14:4)

2. 예수님께서 당신의 모든 죄를 영원히 단번에 용서해 주셨습니다.

당신의 과거의 죄와 현재의 죄와 미래의 죄까지 모두 용서해 주셨습니다. 그러나 당신은 이 말씀에 대해 오해가 없어야 합니다. 당신이 미래의 죄까지 용서받았기 때문에 당신이 앞으로 죄를 함부로 지어도 상관이 없다는 뜻은 아닙니다. 만일 당신이 하나님의 자녀로서 세상에서 죄를 범하고 자백하지 않는다면 하나님은 당신을 징계하십니다. 미워서 징계하시는 것이 아니라 당신을 사랑하시기 때문에 징계하신다고 히브리서 12장 6절부터 11절에서 아주 명확하게 말씀합니다.

"주께서 그 사랑하시는 자를 징계하시고 그가 받아들이시는 아들마다 채찍질하심이라 하였으니 너희가 참음은 징계를 받기 위함이라 하나님이 아들과 같이 너희를 대우하시나니 어찌 아버지가 징계하지 않는 아들이 있으리요 징계는 다 받는 것이거늘 너희에게 없으면 사생자요 친아들이 아니니라 또 우리 육신의 아버지가 우리를 징계하여도 공경하였거든 하물며 모든 영의 아버지께 더욱 복종하며 살려 하지 않겠느냐 그들은 잠시 자기의 뜻대로 우리를 징계하였거니와 오직 하나님은 우리의 유익을 위하여 그의 거룩하심에 참여하게 하시느니라 무릇 징계가 당시에는 즐거워 보이지 않고 슬퍼 보이나 후에 그로 말미암아 연단 받은 자들은 의와 평강의 열매를 맺느니라"

당신이 죄를 계속 범하고 회개하지 않음에도 불구하고 징계가 없다면 당신은 참된 아들이 아니라 사생아에 불과합니다. 징계가 없다면 그 사람은 처음부터 구원받은 것이 아닙니다. 우리 주위에 신앙생활을 하다가 지금은 신앙생활을 하지 않고 심지어는 다른 종교를 믿는 사람들이 있다면 그들은 처음부터 구원받은 것이 아닙니다. 사도 요한은 이 문제에 대해 요한일서 2장 19절에서 아주 명확하게 말합니다.

> "그들이 우리에게서 나갔으나 우리에게 속하지 아니하였나니 만일 우리에게 속하였더라면 우리와 함께 거하였으려니와 그들이 나간 것은 다 우리에게 속하지 아니함을 나타내려 함이니라"

당신이 구원받은 사람으로서 죄를 범하면 하나님과의 관계에 문제가 생기고 고통을 받습니다. 그러나 그 죄로 인해서 당신의 구원이 취소되는 것은 아닙니다. 더더욱 예수님을 거짓말쟁이로 만들 수는 없습니다. 하나님은 당신을 그냥 죄 속에 버려두시는 분이 아닙니다. 징계를 통해 깨우쳐 주시므로 당신은 죄를 회개하고 하나님께 돌아올 수 있습니다.

3. 하나님이 당신의 구원을 지키시는 특권을 누릴 수 있습니다.

예수님은 요한복음 6장 37절에서 아주 분명하게 말씀하셨습니다.

> "아버지께서 내게 주시는 자는 다 내게로 올 것이요 내게 오는 자는 내가 결코 내쫓지 아니하리라"

그러므로 하나님은 어떤 상황에서도 당신을 그분의 가족에서 내쫓지 않으십니다. 예수님의 약속은 영원합니다. 하나님은 한번 구원을 주셨다가 빼앗는 분이 아닙니다. 그 어떤 사람도 당신의 구원을 취소할 수 없습니다. 하나님이 당신을 지키고 계시며, 하나님이 당신에게 영생을 주셨기 때문입니다. 요한복음 10장 27절부터 29절 말씀은 '구원의 영원한 안전성'을 잘 설명해 줍니다. 분명히 '영원히 멸망하지 아니할 것이요'라고 선포하고 있습니다.

> "내 양은 내 음성을 들으며 나는 그들을 알며 그들은 나를 따르느니라 내가 그들에게 영생을 주노니 영원히 멸망하지 아니할 것이요 또 그들을 내 손에서 빼앗을 자가 없느니라 그들을 주신 내 아버지는 만물보다 크시매 아무도 아버지 손에서 빼앗을 수 없느니라"

여기에 '내 손'이라는 예수님의 손과 '아버지 손'이 나오는데, 이 두 손이 당신을 감싸고 보호하고 있으니 당신은 안전합니다. 예수님의 손과 아버지의 손에서 당신을 빼앗을 자가 없다고 선포합니다. 누구라도 당신의 구원을 빼앗지 못합니다. 하나님은 모든 사람보다 크시고 능력이 많으신 분이십니다. 여기서 '만물보다 크시매'라는 말은 온 세상을 창조하신 하나님이시기 때문에 온 우주보다도, 온 세상보다 크신 하나님이라는 뜻입니다. 누가 감히 그 크신 하나님에게서 당신을 빼앗아 갈 수 있을까요?

밀라드 에릭슨은 그의 저서 〈구원론〉에서 구원의 영원성에 대해 명확하게 말합니다(P. 258).
"예수님은 여기서 구원의 확실한 보장을 강력하게 선언하십니다. 예수님은 그의 양들이 배교하게 될 조그만 가능성도 절대적으로 배제하고 있습니다. 문자적으로 직역해 본다면 '그들은 절대로 조금도 멸망하지 않을 것이다.'라고 이렇게 말할 수 있습니다."

사도 바울은 로마서 8장 30절부터 31절에서 구원의 안전함을 분명하게 선포합니다.

"또 미리 정하신 그들을 또한 부르시고 부르신 그들을 또한 의롭다 하시고 의롭다 하신 그들을 또한 영화롭게 하셨느니라 그런즉 이 일에 대하여 우리가 무슨 말 하리요 만일 하나님이 우리를 위하시면 누가 우리를 대적하리요"

하나님께서 당신을 불러 주셨고, 의롭다 하셨고, 영화롭게 하셨다고 선포합니다.

4. 당신 자신도 당신의 구원을 취소할 수 없습니다.

구원은 행위로 받는 것이 아니라 하나님의 은혜와 믿음으로 받습니다. 구원은 하나님이 주신 선물이기 때문에 당신이 자신의 구원을 취소할 수 없습니다. 만약 당신이 어떤 일을 해서 의롭게 되었다면 예수님의 죽음은 헛된 죽음이 된다고 갈라디아서 2장 21절에서 아주 명확하게 말합니다.

"내가 하나님의 은혜를 폐하지 아니하노니 만일 의롭게 되는 것이 율법으로 말미암으면 그리스도께서 헛되이 죽으셨느니라"

당신이 선한 행실로 구원을 받을 수 있다면 예수님은 죽으실 필요가 없습니다. 당신의 선행으로 구원을 받을 수 없어서 예수님이 당신의 죄를 위하여 죽으신 것입니다. 당신이 하나님의 은혜로 구원을 받았기 때문에 그 구원을 지키기 위해서 어떤 일을 하지 않아도 됩니다. 하나님은 당신이 어떤 일을 하지 않는다고 구원을 취소시키는 분이 아닙니다. 그래서 당신이 자신의 구원을 취소할 수 없습니다.

그리스도인은 구원을 지키기 위하여 노력하는 것이 아니고 하나님의 은혜로 구원을 받았기 때문에 하나님의 사랑이 너무나 감사해서 은혜에 보답하기 위하여 노력합니다.

성경에서 선행을 실천하는 사람에게 상급을 약속하고 있어서 상급과 여러 가지 면류관들을 바라보고 열심을 품고 예수님을 섬기는 것입니다.

5. 다른 어떤 것도 당신의 구원을 취소할 수 없습니다.

하나님이나 다른 사람이나 당신 자신이 당신의 구원을 취소할 수 없을 뿐 아니라 다른 어떤 것도 당신의 구원을 취소할 수 없습니다. 로마서 8장 35절부터 39절은 당신을 하나님 아버지의 사랑과 예수님의 사랑에서 끊을 수 없다고 선언합니다.

"누가 우리를 그리스도의 사랑에서 끊으리요 환난이나 곤고나 박해나 기근이나 적신이나 위험이나 칼이랴 기록된 바 우리가 종일 주를 위하여 죽임을 당하게 되며 도살당할 양 같이 여김을 받았나이다 함과 같으니라 그러나 이 모든 일에 우리를 사랑하시는 이로 말미암아 우리가 넉넉히 이기느니라"

여기에 등장하는 환난, 곤고, 핍박, 기근, 적신, 위험, 칼은 모두 성도들이 당하는 어려운 일들입니다. 이러한 어려움을 당한다고 당신이 받은 구원이 없어지는 것은 아닙니다. 목에 칼을 들이댄다고 해서 구원받은 사실이 없어지는 것이 아닙니다. 우리의 많은 믿음의 선배들은 어려운 시기에 신앙생활을 하다가 핍박을 당하고 고생도 하고 순교까지 당했습니다. 그러나 그 어떤 것으로도 그들의 구원을 빼앗지는 못합니다.

여기 등장하는 '적신'이란 벌거벗은 몸, 알몸을 말합니다.
누가 예수 믿지 말라고 핍박하면서 몸에 있는 옷을 다 빼앗아도 그 마음속에 있는 예수님은 빼앗아갈 수 없으며, 그 마음속에 있는 믿음을 빼앗지 못하고, 천국 소망도 빼앗지 못합니다.
비록 도살장으로 끌려가는 양 같은 대우를 받아도 당신을 사랑해 주시는 예수님이 당신의 마음속에 계시면 당신은 넉넉히 이길 수 있습니다. 당신을 사랑하시는 예수님 때문에 아무리 어려운 상황에서도 믿음으로 승리할 수 있습니다.

사도 바울은 당신의 구원을 취소할 수 없는 것들을 소개합니다.
사망 : 당신이 죽을 때도 구원이 취소되지 않습니다.
생명 : 당신이 살아있는 동안 당신의 구원을 취소할 수 없습니다.
천사들 : 천사도 당신의 구원을 취소할 수 없습니다.

권세자들 : 정부의 권세자들도 당신의 구원을 취소할 수 없습니다.

능력 : 마귀 사탄의 능력이라도 당신의 구원을 취소할 수 없습니다.

현재 일 : 지금 일어나고 있는 어떤 일이라도 당신의 구원을 취소할 수 없습니다.

높음 : 당신보다 높은 그 어떤 것도 당신의 구원을 취소할 수 없습니다.

깊음 : 당신보다 낮은 그 어떤 것도 당신의 구원을 취소할 수 없습니다.

다른 아무 피조물이라도 그리스도 예수 안에 있는 하나님의 사랑에서 끊을 수 없습니다.

6. 하나님과 당신의 관계는 영원히 깨어지지 않습니다.

당신은 당신의 육적인 아버지로부터 태어났기 때문에 영원히 아버지의 자녀입니다. 당신이 고향을 떠나고 아버지 곁을 멀리 떠나 연락을 하지 않고, 당신의 아버지가 당신을 아들이 아니라고 해도, 당신의 성을 바꾸어도, 서로가 늘 보지 않고 살아도, 서로의 소식을 듣지 못해도 그분이 당신 아버지라는 사실은 변하지 않습니다.

하늘에 계신 당신의 영적인 아버지도 마찬가지입니다. 당신이 영적인 출생을 통하여 하나님의 자녀가 되었기 때문입니다. 당신이 출생했을 때 출생 신고를 하고 대한민국의 국민이 되었듯이 당신이 영적으로 출생해서 하늘나라 생명책에 이름이 기록되었으며, 하나님의 성령에 의하여 출생 확인 도장을 받았습니다.

"그 안에서 너희도 진리의 말씀 곧 너희의 구원의 복음을 듣고 그 안에서 또 한 믿어 약속의 성령으로 인치심을 받았으니"(엡 1:13)

그러므로 당신은 하나님과 영원한 관계에 있습니다. 그 어떤 경우도 영원한 관계는 끊어지지 않습니다. 친히 하나님 아버지께서 우리를 보호하시기 때문입니다.

존 맥아더는 그의 저서 〈구원이란 무엇인가?〉에서 구원의 완성에 대해 이렇게 말합니다(P. 280-281).

"다음은 모든 믿는 자가 받을 영원한 구원의 완성을 보증하는 선언입니다. '너희가 말세에 나타내기로 예비하신 구원을 얻기 위하여 믿음으로 말미암아 하나님의 능력으로 보호하심을 입었나니'(벧전 1:5). 여기서 '말세에 나타내기로 예비하신 구원'이라는 말은 우리의 온전하고 최종적인 구원을 말합니다. 율법의 저주, 죄의 능력과 현존, 죄의 모든 부패와 더러움, 모든 유혹, 모든 슬픔, 모든 고통, 모든 죽음, 모든 형벌, 모든 심판, 모든 진노에서 구원을 받는 것입니다. 하나님이 이미 우리 안에서 이 일을 시작하셨습니다. 그리고 그 일을 시작하신 분이 그 일을 온전히 이루실 것입니다(빌 1:6). 우리는 다음 구절에 주목합니다. '너희는……. 믿음으로 말미암아 하나님의 능력으로 보호하심을 받았느니라, 능히 너희를 보호하사 거침이 없게 하시고 너희로 그 영광 앞에 흠이 없이 즐거움으로 서게 하실 자'(유 1:24) 우리는 전능하고 주권적이며 전지하시고 강력하신 하나님의 능력으로 보호하심을 받습니다."

그리스도인의 생활

이 세상에서 가장 아름다운 삶은 그리스도인의 생활입니다. 우리를 사랑하시는 예수 그리스도와 함께 삶을 살아가기 때문입니다. 또한 성령님께서 우리의 삶 속에서 아름다운 성령의 열매를 맺게 도와주시기 때문입니다. 성령의 열매는 사랑과 희락과 화평과 오래 참음과 자비와 양선과 충성과 온유와 절제니 이같은 열매로 인하여 삶이 아름답게 빛나게 됩니다. 우리는 어떻게 아름다운 그리스도인의 생활을 살아갈 수 있을까요?

1. 그리스도인은 거룩하신 하나님의 성품을 본받아 죄로부터 분리된 삶을 살아야 합니다.

하나님께서 죄 많은 세상에서 모든 행실에 거룩한 사람이 되라고 우리 그리스도인들을 불러주셨습니다. 그분이 거룩하신 분이시기 때문에 우리도 거룩한 삶을 살아야 합니다. 그리고 우리가 하나님의 성품을 닮아갈 때 우리는 거룩한 삶을 살아갈 수 있습니다.

> "오직 너희를 부르신 거룩한 이처럼 너희도 모든 행실에 거룩한 자가 되라 기록되었으되 내가 거룩하니 너희도 거룩할지어다 하셨느니라"(벧전 1:15-16)

우리 예수님께서 십자가에서 우리의 죄를 담당하신 이유가 무엇일까요?

> "친히 나무에 달려 그 몸으로 우리 죄를 담당하셨으니 이는 우리로 죄에 대하여 죽고 의에 대하여 살게 하려 하심이라 그가 채찍에 맞음으로 너희는 나음을 얻었나니"(벧전 2:24)

여기서 누구를 대상으로 이 말씀을 기록했는지를 알아야 합니다. 이 말씀은 베드로가 이미 구원받은 우리 그리스도인들을 대상으로 기록했습니다. 그러므로 이 말씀은 이미 구원을 받은 "우리로 하여금 죄에 대하여는 죽고 의에 대하여는 살게 하려 하심이라"라고 말씀합니다.

그렇습니다. 우리 예수님께서 우리를 위해 십자가에 죽으신 이유는 우리가 십자가의 복음으로 구원을 받은 그리스도인으로서 이제부터 죄에 대하여 죽은 사람으로 여기고, 오직 의에 대하여 살아가게 하려는 것입니다. 그러므로 베드로전서 2장 전체의 배경을 살펴보면 우리 그리스도인이 누구인지를 분명하게 말씀합니다. 베드로전서 2장 9절과 10절에서는 그리스도인들은 하나님이 택하신 족속이요, 왕 같은 제사장들이요, 하나님의 소유된 백성이 되었다고 말합니다. 우리 그리스도인들은 전에는 하나님의 백성이 아니더니 이제는 하나님의 백성이요 전에는 긍휼을 얻지 못하였더니 이제는 긍휼을 얻은 자가 되었습니다. 베드로전서 장 25절에 보면 전에는 길을 잃은 양이었지만, 이제는 우리 영혼의 목자되시는 예수님께 돌아왔습니다. 그러므로 그리스도인들은 이제부터 죄에 대하여 죽고 죄를 범하지 말아야 합니다. 베드로전서 2장 1절의 말씀처럼 그리스도인들은 모든 악독과 모든 기만과 외식과 시기와 모든 비방하는 말을 버려야 합니다. 2장 11절의 말씀처럼 이제 우리는 영혼을 거스려 싸우는 육체의 정욕을 제어해야 합니다. 2장 3절의 말씀처럼 우리가 주님의 인자하심을 맛보았으면 그렇게 살아야 합니다. 그러므로 우리가 그리스도인이 되었다면 이제부터 우리는 생활 가운데서 죄의 유혹을 물리치고 죄를 멀리하는 거룩하고 아름다운 삶을 살아야 합니다.

하지만 우리 그리스도인들도 여전히 죄를 범하고 넘어질 수 있는데 그리스도인은 실수로 죄를 범하는 것이지 고의로 범하는 것이 아니기에 절망하지 말아야 합니다. 구원받은 우리 그리스도인들이 범한 죄를 용서함을 얻을 수 있도록 우리 예수님께서 변호해 주시기 때문입니다. 그러므로 우리 그리스도인들도 죄에 빠질 수 있지만, 우리 그리스도인들은 그 죄 속에서 계속 살아갈 수는 없습니다. 그러므로 로마서 7장 15절 말씀처럼 "나는 어쩔 수 없어, 나는 죄를 이길 수 없어, 바울 같은 사람도 죄를 범했는데 나는 어쩔 수 없이 죄를 범할 수밖에 없어"라고 생각하며, 계속해서 죄를 범할 수는 없습니다.
그리스도인이 거룩하게 살아갈 수 있는 비결이 무엇일까요?

2. 그리스도인은 죄의 종에서 벗어나 의의 종으로 살아야 합니다.

사도 바울은 로마서 6장에서 예수 그리스도의 십자가의 복음으로 구원받은 우리 그리스도인들이 죄의 종이 되었던 상태에서 벗어나 의의 종으로 살아가야 하는 이유를 설명합니다. 로마서 6장 전체를 읽어보면 우리 그리스도인들이 죄의 유혹을 물리쳐야 하는 이유를 다양하게 설명합니다. 6장 1절과 2절에서는 "우리가 죄 가운데 거하겠느냐 그럴 수 없느니라"라고 말씀합니다. "우리가 죄에 대하여 죽었기 때문에 어찌 죄 가운데 더 살리요"라고 말합니다.

6장 6절에서는 "우리의 옛 사람이 예수와 함께 십자가에 못 박힌 것은 죄의 몸이 죽어 다시는 우리가 죄에게 종노릇 하지 아니하려 함이라"라고 말씀합니다.

6장 7절에서는 "우리가 예수님과 함께 죽었기 때문에 우리는 죄에서 벗어났다"라고 말씀합니다. 6장 11절에서는 "우리가 우리 자신을 죄에 대하여 죽은 자로 여기고 그리스도 예수 안에서 하나님께 대하여 살아 있는 자로 여기라"라고 말씀합니다. 6장 12절부터 18절은 "죄가 우리의 죽을 몸을 지배하지 못하게 하여 몸의 사욕에 순종하지 말고, 또한 우리의 지체를 불의의 무기로 죄에게 내주지 말고, 오직 우리 자신을 죽은 자 가운데서 다시 살아난 자 같이 하나님께 드리며, 우리 지체를 의의 무기로 하나님께 드리라"라고 말씀합니다.

그러므로 그리스도인들은 죄를 범하며 살아갈 수 없습니다. 죄가 우리를 주장하지 못하는 이유는 우리가 율법 아래에 있지 아니하고 은혜 아래에 있기 때문입니다. 그런즉 어찌하겠습니까? 우리가 율법 아래에 있지 아니하고 은혜 아래에 있으니 죄를 지을 수 있을까요? 결코 그럴 수 없습니다. 우리 자신을 종으로 내주어 누구에게 순종하든지 그 순종함을 받는 자의 종이 되는 줄을 우리는 알아야 합니다. 혹은 죄의 종으로 사망에 이르고 혹은 순종의 종으로 의에 이르기 때문입니다. 우리가 하나님께 감사하는 이유는 우리가 본래 죄의 종이었지만 우리에게 전하여 준 복음을 마음으로 순종하여 죄로부터 해방되어 의에 종이 되었다고 말씀합니다. 그리스도인이 거룩하게 살아갈 수 있는 비결이 무엇일까요?

3. 그리스도인은 옛사람이 죽고 그리스도가 내 안에서 살아야 합니다.

로마서 6장은 그리스도인들이 죄의 유혹을 물리치고 거룩하게 살아갈 수 있는 이유를 아주 명확하게 밝히고 있습니다. 로마서 6장에서 강조되는 것은 죄를 범하게 만드는 우리의 옛사람이 예수님과 함께 죽었다는 절대적인 사실을 선포합니다. 그리고 우리가 예수님과 함께 하나로 연합되었다는 사실을 다양하게 표현합니다. 6장 3절에서 "예수와 합하여, 그의 죽으심과 합하여"라고 강조하고, 6장 4절에서 "그와 함께 장사되었나니"라고 강조하고, 6장 5절에서 "그의 죽으심과 같은 모양으로 연합한 자가 되었으면"이라고 강조하고, 6장 6절에서 "옛사람이 예수와 함께 십자가에 못 박힌 것은"이라고 강조하고, 6장 8절에서 "우리가 그리스도와 함께 죽었으면"이라고 말씀합니다.

우리의 옛사람은 예수님과 하나로 연합되어 예수님께서 십자가에서 죽으셨을 때 우리 옛사람도 함께 죽었습니다. 그러므로 사도 바울도 갈라디아서 2장 20절에서 "내가 그리스도와 함께 십자가에 못 박혔나니 그런즉 이제는 내가 사는 것이 아니요 오직 내 안에 그리스도께서 사시는 것이라 이제 내가 육체 가운데 사는 것은 나를 사랑하사 나를 위하여 자기 자신을 버리신 하나님의 아들을 믿는 믿음 안에서 사는 것이라"라고 말씀합니다.

갈라디아서 2장 20절을 표준 새번역으로 읽어보면 더 분명해집니다.

"나는 그리스도와 함께 십자가에 못박혔습니다. 이제 사는 것은 내가 아닙니다. 그리스도께서 내 안에서 사시는 것입니다. 내가 지금 육신 안에서 사는 것은 나를 사랑하셔서, 나를 대신하여 자기 몸을 내주신 하나님의 아들을 믿는 믿음 안에서 사는 것입니다."

그러므로 죄를 범하는 우리의 옛사람이 죽었기 때문에 우리는 죄의 유혹을 물리치고 거룩하게 살아갈 수 있습니다. 또한 우리 하나님께서 우리 안에서 행하시니 우리는 거룩하고 아름다운 그리스도인의 생활을 살아갈 수 있습니다.

사도 바울은 빌립보서 2장 13절에서 이렇게 말합니다.

"너희 안에서 행하시는 이는 하나님이시니 자기의 기쁘신 뜻을 위하여 너희에게 소원을 두고 행하게 하시나니"

빌립보서 2장 13절이 표준 새번역에는 이렇게 기록되어 있습니다.

"하나님께서는 여러분 안에서 활동하셔서, 여러분으로 하여금 하나님을 기쁘시게 할 것을 염원하고, 실천하게 하시는 분이십니다."

하나님께서 우리에게 하나님을 기쁘시게 할 것을 소망하며 그것을 실천하게 하십니다.

4. 그리스도인은 복음에 합당한 삶을 살아야 합니다.

사도 바울은 빌립보서 1장 27절에서 "오직 너희는 그리스도의 복음에 합당하게 생활하라"라고 말씀합니다. 신약성경에서 복음에 합당하게 생활한 교회를 찾으려면 데살로니가 교회였습니다. 그러므로 데살로니가 교회 성도들은 복음으로 삶이 아름답게 변화되어 교회의 목회자들에게 감동을 주었습니다.

1)그들이 복음에 합당하게 생활할 수 있었던 이유가 무엇일까요?
첫째로 복음을 말로만 받아들이지 않고 진심으로 받아들였습니다.

"이는 우리 복음이 너희에게 말로만 이른 것이 아니라 또한 능력과 성령과 큰 확신으로 된 것임이라 우리가 너희 가운데서 너희를 위하여 어떤 사람이 된 것은 너희가 아는 바와 같으니라 또 너희는 많은 환난 가운데서 성령의 기쁨으로 말씀을 받아 우리와 주를 본받은 자가 되었으니"(살전 1:5-6)

그들은 십자가의 복음을 능력과 성령과 큰 확신으로 받아들였습니다. 성령의 기쁨으로 말씀과 복음을 받아들였습니다. 그러므로 바울은 데살로니가전서 2장 13절에서 그들이 하나님의 말씀을 인간의 말이 아니라 하나님의 말씀으로 받아들이는 신앙의 자세가 좋은 성도들이라고 칭찬합니다. 하나님의 말씀으로 받아들이니 하나님의 말씀이 그들을 변화시켰습니다.

둘째로 그들은 분명하게 회개하고 복음을 받아들였습니다.

"그들이 우리에 대하여 스스로 말하기를 우리가 어떻게 너희 가운데에 들어갔는지와 너희가 어떻게 우상을 버리고 하나님께로 돌아와서 살아 계시고 참되신 하나님을 섬기는지와"(살전 1:9)

그들은 과거에 섬기던 우상에게서 분명히 돌아섰습니다. 돌아섰을 뿐만 아니라 돌아와서 살아계시고 참되신 하나님을 섬겼습니다. 그러므로 우리의 신앙은 구원받는 것으로 끝나는 것이 아니라 계속해서 하나님을 섬기고 예배하는 삶을 살아야 합니다.

2) 그렇다면 데살로니가 교회 그리스도인들의 변화된 모습은 어떤 모습이었을까요?
첫째로 그들은 믿음의 역사와 사랑의 수고와 소망의 인내가 있었습니다.

"너희의 믿음의 역사와 사랑의 수고와 우리 주 예수 그리스도에 대한 소망의 인내를 우리 하나님 아버지 앞에서 끊임없이 기억함이니"(살전 1:3)

그렇습니다. 말로만 하는 신앙생활이 아니라 하나님을 진심으로 믿었기 때문에 믿음의 역사가 나타났습니다. 그들의 신앙생활은 진짜라는 증거가 있었습니다. 그들이 믿음으로 이룩한 많은 증거가 있었습니다. 그들은 교회와 하나님과 성도들을 사랑하여 사랑의 수고를 실천했습니다. 그리고 참된 소망을 가지고 인내하였습니다.

둘째로 그들은 주님을 본받고 사역자들을 본받았습니다.

 "우리와 주를 본받은 자가 되었으니"(살전 1:6)

사실 우리 주님이 이 땅에서 살아가시면서 보여 주신 삶은 우리 그리스도인들에게 보여 준 신앙생활의 본보기와 같습니다. 어떻게 하나님께 영광을 돌리고, 어떻게 서로 사랑하고, 어떻게 기도하고, 어떻게 고난을 참고, 어떻게 복음을 전하고, 어떻게 하나님 아버지를 의지하는지 하나하나 보여 주신 것입니다. 그러므로 사도 베드로는 베드로전서 2장 20절부터 21절에서 우리 예수님께서 우리에게 본을 끼쳐 그 자취를 따라오게 하셨다고 말합니다.

 "죄가 있어 매를 맞고 참으면 무슨 칭찬이 있으리요 그러나 선을 행함으로 고난을 받고 참으면 이는 하나님 앞에 아름다우니라 이를 위하여 너희가 부르심을 받았으니 그리스도도 너희를 위하여 고난을 받으사 너희에게 본을 끼쳐 그 자취를 따라오게 하려 하셨느니라"

우리 예수님께서도 요한복음 13장 34절에서 "새 계명을 너희에게 주노니 서로 사랑하라 내가 너희를 사랑한 것 같이 너희도 서로 사랑하라"라고 말씀하셨습니다. 그런데 데살로니가 교회 성도들은 예수님만 본받는 삶을 살았던 것이 아니라 바울과 실라와 디모데를 본받는 삶을 살았고, 또한 그들 자신이 또 다른 성도들에게 본이 되는 삶을 살았습니다.

"그러므로 너희가 마게도냐와 아가야에 있는 모든 믿는 자의 본이 되었느니라"(살전 1:7)

셋째로 그들은 하나님의 말씀과 복음을 전파함으로 선교적인 삶을 살았습니다.

그들이 받은 복음과 하나님의 말씀이 처음에는 데살로니가 교회 성도들에게 있었는데 그들에게서 머물지 않고 다시 여러 지역에 전파하였던 것입니다.

"주의 말씀이 너희에게로부터 마게도냐와 아가야에만 들릴 뿐 아니라 하나님을 향하는 너희 믿음의 소문이 각처에 퍼졌으므로 우리는 아무 말도 할 것이 없노라"(살전 1:8)

그들이 복음을 전하는 것을 너무나 잘하고 있어서 사역자들이 그들에게 전도하라고 말할 필요가 없었습니다. 여기에 등장하는 마게도냐와 아가야는 넓은 지역을 지칭하는 것으로 에베소, 빌립보, 데살로니가, 데가볼리, 베뢰아 등을 지칭하는 넓은 지역이었습니다. 그들은 그만큼 전도와 선교에 열심을 내었습니다.

넷째로 그들은 주님 맞을 준비를 하면서 주님을 기다리는 삶을 살았습니다.

> "또 죽은 자들 가운데서 다시 살리신 그의 아들이 하늘로부터 강림하실 것을 너희가 어떻게 기다리는지를 말하니 이는 장래의 노하심에서 우리를 건지시는 예수시니라"(살전 1:10)

그들은 말세에 대한 시기를 분별하고 주님 맞을 준비를 하며 살았습니다.

> "형제들아 때와 시기에 관하여는 너희에게 쓸 것이 없음은 주의 날이 밤에 도둑 같이 이를 줄을 너희 자신이 자세히 알기 때문이라"(살전 5:1-2)

다섯째로 그들은 흔들리지 않은 신앙생활의 삶을 살았습니다.

> "그러므로 너희가 주 안에 굳게 선즉 우리가 이제는 살리라"(살전 3:8)

사역자의 기쁨이 무엇일까요? 성도들이 흔들리지 않는 신앙생활을 하는 것을 바라보는 것입니다. "우리가 이제는 살리라" 정말 사역자가 살맛 나는 세상을 사는 것은 자신이 가르친 성도들이 흔들리지 않고 굳게 서서 열심히 신앙생활을 잘하는 것입니다.

여섯째로 그들은 하나님을 기쁘시게 하는 삶을 살았습니다.

> "그러므로 형제들아 우리가 끝으로 주 예수 안에서 너희에게 구하고 권면하노니 너희가 마땅히 어떻게 행하며 하나님을 기쁘시게 할 수 있는지를 우리에게 배웠으니 곧 너희가 행하는 바라 더욱 많이 힘쓰라"(살전 4:1)

그들은 하나님을 기쁘시게 하는 법을 사역자들에게 배워서 잘 실천하고 있어서 사역자들은 그들이 행하는 바를 더욱 많이 힘쓰라고 칭찬하고 있습니다.

일곱째로 그들은 형제자매들을 사랑하는 삶을 살았습니다.

> "형제 사랑에 관하여는 너희에게 쓸 것이 없음은 너희들 자신이 하나님의 가르치심을 받아 서로 사랑함이라"(살전 4:9)

그러므로 데살로니가 교회는 진정으로 변화된 그리스도인들이었습니다. 결국 그들은 사역자에게 자랑의 면류관이 되었고 기쁨이 되었습니다.

> "우리의 소망이나 기쁨이나 자랑의 면류관이 무엇이냐 그가 강림하실 때 우리 주 예수 앞에 너희가 아니냐, 우리가 우리 하나님 앞에서 너희로 말미암아 모든 기쁨으로 기뻐하니 너희를 위하여 능히 어떠한 감사로 하나님께 보답할까"(살전 2:19, 3:9)

사도 바울은 데살로니가 교회 그리스도인들이 너무나 아름답게 변화되어 주님을 만났을 때 그들을 주님께 자랑할 수 있다고 말합니다. 결국 바울은 그들 때문에 주님으로부터 자랑의 면류관을 받게 되고, 그들 때문에 하나님 앞에서 모든 기쁨으로 기뻐할 수 있다고 말합니다. 바울은 비록 힘들게 사역했지만, 진정으로 사역의 보람을 느끼게 되었습니다. 그러므로 목회자 사역의 보람은 성도들의 변화된 삶을 보는 것입니다. 그러므로 데살로니가 교회 그리스도인들은 복음에 합당하게 신앙생활을 했습니다.

성장

그리스도인이 하나님의 사랑과 복음으로 구원을 받고 영생을 얻었다면 모든 것이 다 이루어진 것이 아니라 영생을 얻는 순간부터 그리스도인의 생활을 시작하는 것입니다. 그러므로 그리스도인이 받은 구원은 완성이 아니라 새로운 출발입니다. 이제 하나님의 자녀로 태어났기 때문에 반드시 영적으로 성장해야 합니다.

그리스도인은 어떻게 성장할 수 있을까요?

1. 영적으로 성장하려면 우리의 자아가 깨어져야 합니다.

많은 그리스도인이 복음으로 구원을 받아 영생을 가졌지만, 자신의 자아가 깨어지지 않아 성숙하지 못한 삶을 살아갑니다.

사도 바울은 고린도전서 3장 1절부터 3절에서 자신의 자아가 깨어지지 않아 다툼과 분열과 성장이 없는 그리스도인에 대해 말합니다.

"형제들아 내가 신령한 자들을 대함과 같이 너희에게 말할 수 없어서 육신에 속한 자 곧 그리스도 안에서 어린 아이들을 대함과 같이 하노라 내가 너희를 젖으로 먹이고 밥으로 아니하였노니 이는 너희가 감당하지 못하였음이거니와 지금도 못하리라 너희는 아직도 육신에 속한 자로다 너희 가운데 시기와 분쟁이 있으니 어찌 육신에 속하여 사람을 따라 행함이 아니리요"

여기서 성장하지 못한 그리스도인은 "육신에 속한 자, 그리스도 안에서 어린아이"라고 말합니다. 그들은 성장하지 못하여 시기와 분쟁이 있었고, 사람을 따라 행하는 자들이었습니다. 마귀 사탄은 그들에게 성숙한 삶에 대한 진리를 숨기고 있습니다. 그들이 구원받은 것만으로 만족하도록 속이는 것입니다.

하지만 성장한 그리스도인들은 하나님을 따르고 의지하는 가운데 자신의 자아를 처리하고 성숙한 삶을 살아갑니다. 그리스도인이 성숙한 삶을 살지 못하는 이유는 분명합니다. 그리스도를 인생의 주인으로 모셨음에도 불구하고 자신의 자아가 깨어지지 않아 그리스도 중심으로 살아가지 않고 자아 중심으로 살아가기 때문입니다. 가장 중요한 것은 하나님과의 관계에 있습니다. 그리스도인은 하나님과 친밀한 사랑의 관계에 들어가야 성숙한 그리스도인이 됩니다. 인생의 주권을 그분께 드리고 그분을 인생의 주인으로 섬겨야 합니다. 그러기 위해서는 그리스도인이 십자가를 통해서 자신의 자아가 깨어져야 합니다.

진정으로 성장한 그리스도인은 그리스도께서 실제로 가장 중요한 존재로 자기 안에 살아 역사하시는 것을 체험하게 됩니다. 그리스도인이 하나님께 항복하고 자신의 자아를 십자가 앞에 내려놓음으로 자아가 깨어진다면 그리스도께서 친히 자신 안에 오셔서 살아가시는 것을 체험할 수 있습니다. 그리스도께서 마음에 들어오시어 내재하시면서 내면을 주관하시고, 우리를 통해 역사하시는 것입니다. 그리스도께서 성령을 통해서 우리 안에서 살아가시는 것이 성숙한 삶의 비결입니다.

그리스도인은 어떻게 성장할 수 있을까요?

2. 영적으로 성장하려면 예수 그리스도에 대한 믿음을 가져야 합니다.

야고보서 2장 1절은 이렇게 말합니다.

"내 형제들아 영광의 주 곧 우리 주 예수 그리스도에 대한 믿음을 너희가 가졌으니 사람을 차별하여 대하지 말라"

이 말씀에 의하면 그리스도인은 '예수 그리스도에 대한 믿음'을 가진 자들입니다. 예수 그리스도를 믿는 사람들은 믿음으로 자신을 변화시켜 성숙한 사람이 될 수 있습니다. 이 세상에는 믿음으로 자신을 변화시켜 성숙한 사람들이 많습니다. 예수 그리스도를 믿기 전에는 형편없는 삶을 살던 그들이 예수 믿고 변화되어 성숙한 사람으로 살아갑니다.

야고보서 2장 2절부터 7절은 믿음을 가진 사람은 다른 사람을 차별하지 말라고 권면합니다.

"만일 너희 회당에 금 가락지를 끼고 아름다운 옷을 입은 사람이 들어오고 또 남루한 옷을 입은 가난한 사람이 들어올 때에 너희가 아름다운 옷을 입은 자를 눈여겨 보고 말하되 여기 좋은 자리에 앉으소서 하고 또 가난한 자에게 말하되 너는 거기 서 있든지 내 발등상 아래에 앉으라 하면 너희끼리 서로 차별하며 악한 생각으로 판단하는 자가 되는 것이 아니냐 내 사랑하는 형제들아 들을지어다 하나님이 세상에서 가난한 자를 택하사 믿음에 부요하게 하시고 또 자기를 사랑하는 자들에게 약속하신 나라를 상속으로 받게 하지 아니하셨느냐 너희는 도리어 가난한 자를 업신여겼도다 부자는 너희를 억압하며 법정으로 끌고 가지 아니하느냐 그들은 너희에게 대하여 일컫는 바 그 아름다운 이름을 비방하지 아니하느냐"

이 말씀은 하나님께서 사람을 차별하지 않으시고 가난한 자들을 택하사 부요하게 하시려고 하나님의 나라를 상속받게 하셨다고 말씀합니다. 어떤 사람이 사람을 차별하지 않을까요? 인격적으로 성숙한 사람입니다. 성숙한 사람은 사람을 차별하지 않고 하나님처럼 인격적으로 대우합니다. 야고보는 2장 8절은 성숙한 사람은 최고의 법을 지키는 사람이라고 말합니다.

"너희가 만일 성경에 기록된 대로 네 이웃 사랑하기를 네 몸과 같이 하라 하신 최고의 법을 지키면 잘하는 것이거니와"

그렇습니다. 우리가 만일 사람을 차별하지 않고 이웃을 내 몸처럼 사랑한다면 최고의 법을 지키는 것입니다. 그래서 사람을 차별하지 않고 이웃을 사랑한다면 믿는 사람으로서 잘하는 것이기 때문에 야고보서 2장 8절에서 '잘하는 것이거니와'라고 칭찬합니다.

그러므로 믿음을 가지고 이웃을 사랑하는 사람들은 최고의 법인 하나님의 말씀을 지키는 사람들입니다. 이보다 뛰어난 법은 없고 이보다 뛰어난 말씀은 없기에 우리는 사람을 차별하지 말고 사랑해야 합니다. 야고보는 2장 9절은 믿는 우리가 사람을 외모로 차별한다면 그것이 바로 죄가 된다고 말씀합니다.

> "만일 너희가 사람을 차별하여 대하면 죄를 짓는 것이니 율법이 너희를 범법자로 정죄하리라"

그러므로 우리는 믿음을 가진 사람으로서 사람을 차별하지 말고 사랑해야 합니다. 그러면 우리가 믿음을 가진 사람이 되어야 하는 이유가 무엇일까요? 우리가 믿음을 가져야 행함이 나타나기 때문입니다. 우리가 진짜 믿음을 소유했는지 어떻게 알 수 있을까요? 야고보는 2장 14절은 우리의 행함을 통해서 우리가 믿음을 소유했는지 알 수 있다고 말합니다.

> "내 형제들아 만일 사람이 믿음이 있노라 하고 행함이 없으면 무슨 유익이 있으리요 그 믿음이 능히 자기를 구원하겠느냐"

그러므로 우리가 진정한 믿음을 소유했다면 행함은 너무나 자연스러운 것입니다. 우리가 무엇을 하는 것도 중요하지만 먼저 진정한 믿음의 사람이 되어야 합니다. 예수님을 믿는 믿음이 그만큼 중요합니다. 올바른 믿음은 놀라운 능력으로 행동하게 만듭니다. 야고보는 2장 17절과 20절에서 믿음의 행함이 없다면 그 믿음은 죽은 믿음이요 헛된 믿음이라고 말합니다.

"이와 같이 행함이 없는 믿음은 그 자체가 죽은 것이라, 아아 허탄한 사람아 행함이 없는 믿음이 헛것인 줄을 알고자 하느냐"

우리는 여기서 믿음의 행함과 율법의 행위를 구분해야 합니다. 야고보서 2장 21절부터 26절은 진짜 믿음을 소유한 사람은 반드시 행함으로 자신의 믿음을 나타낼 수 있다고 두 사람을 통해서 증명합니다. 두 사람은 바로 아브라함과 기생 라합입니다. 그러므로 우리가 믿음의 사람이 되었다면 믿음의 행함이 있어야 합니다. 그러므로 믿음을 가진 사람이 성숙한 사람입니다.

그리스도인은 어떻게 성장할 수 있을까요?

3. 영적으로 성장하려면 말에 실수가 없어야 합니다.

우리가 인생을 살아가면서 어떤 일을 직면할 때 힘이 들까요? 그것은 우리가 말을 잘하지 못할 때 힘들고 스트레스를 받습니다. 그래서 우리는 누구나 말을 잘하고 싶어 합니다. 하지만 말에 실수가 없는 사람은 아무도 없습니다. 그래서 말을 잘하는 것은 쉬운 일이 아닙니다.

우리가 말을 잘못하면 관계가 깨어지고 상대방에게 상처를 줍니다. 말을 잘못하면 손해를 보는 경우도 많습니다. 우리가 말을 잘못하면 본인이 괴

로워서 우리는 말을 잘하지 못하는 것을 매우 두려워합니다. 말을 하면서 실수할까 봐 걱정합니다.

그러면 우리는 어떻게 말을 잘 할 수 있습니까?

1) 우리가 말을 잘하려면 말의 파괴력을 알아야 합니다.

우리는 하루에도 수많은 말들을 하지만 정작 말의 파괴력이 얼마나 무서운지 모르는 경우가 많습니다. 그래서 야고보서 3장 1절부터 12절은 말의 긍정적인 측면보다 말의 부정적인 측면을 강조합니다.

우리는 어떤 종류의 말을 가장 듣기 싫어할까요?

상대방이 말하면서 다른 사람을 무시하고 자기 말만 하는 경우입니다. 그들은 다른 사람의 말은 들으려고 하지 않고, 본인이 가르치려고만 합니다. 은근히 말로 상대방의 기를 죽입니다. 그래서 야고보 사도는 "내 형제들아 너희는 선생된 우리가 더 큰 심판을 받을 줄 알고 선생이 많이 되지 말라"(약 3:1)라고 말합니다. 하지만 이 말씀은 우리에게 다른 사람을 가르치는 교사가 되지 말라는 내용이 아닙니다.

야고보서 3장 1절을 한마디로 말하면 '말로 잘 난체 하지 말라'라는 내용입니다. 말로 상대방을 무시하고 잘난척 하는 사람이 더 큰 심판을 받는 것입니다. 야보고 사도는 야고보서 3장 6절에서 우리가 말을 잘못하면 인생을 망치고, 파괴하고, 더럽힌다고 강조합니다.

"혀는 곧 불이요 불의의 세계라 혀는 우리 지체 중에서 온 몸을 더럽히고 삶의 수레바퀴를 불사르나니 그 사르는 것이 지옥 불에서 나느니라"

말하는 혀가 얼마나 무서운지 모든 것을 태우는 불로 비유합니다. 그리고 그 불은 지옥 불에서 나오는 불로 비유합니다. 그리고 그 지옥 불에서 나온 불이 인생의 수레바퀴를 불사르게 된다고 표현합니다. 수레바퀴를 불사르면 우리는 인생에서 전진할 수 없습니다. 목표를 향하여 나아갈 수 없습니다.

그러므로 말 때문에 인생을 망친 사람이 너무나 많습니다. 불이 나기 전에 그렇게 아름답던 집이 불이 나서 다 태워버린 끔찍한 모습을 볼 수 있습니다. 남대문으로 알려진 숭례문이 불타는 화재도 있었습니다. 숭례문은 한국을 상징하는 보물이었습니다. 서울에서 가장 오래된 건물이었습니다. 그러나 삽시간에 불에 다 타버렸습니다. 그렇게 오랜 세월 동안 아름다웠던 건물도 하루아침에 다 타버린 것입니다. 불에 타는 것은 순간적이었고 잠깐이었습니다. 이처럼 우리가 말을 잘못하면 우리의 아름다운 인간관계도 삽시간에 무너져 버립니다. 우리는 말의 파괴력을 알고 잘못된 말이 우리 입에서 나가지 못하도록 파수꾼을 세워야 합니다.

2) 우리가 말을 잘하려면 혀를 쉽게 길을 들일 수 없다는 것을 알아야 합니다.

야고보는 야고보서 3장 7절과 8절에서 이렇게 말씀합니다.

"여러 종류의 짐승과 새와 벌레와 바다의 생물은 다 사람이 길들일 수 있고 길들여 왔거니와 혀는 능히 길들일 사람이 없나니 쉬지 아니하는 악이요 죽이는 독이 가득한 것이라"

이 세상에서 사람들이 길들이지 못할 것들은 없습니다. 우리는 사람들이 타는 말을 길들이기 위해서 말에 재갈을 먹입니다. 우리는 사람들이 타는 배를 길들이기 위해서 작은 키로 조정합니다. 여러 짐승과 새와 벌레와 바다에 사는 해물도 다 길들일 수 있습니다. 그러나 우리가 말하는 혀는 쉽게 길들일 수 없습니다. 그러므로 길들어지지 않은 혀는 쉬지 아니하는 악이요 사람을 죽이는 독이 가득하다고 말합니다. 우리의 혀가 그만큼 파괴력을 가지고 있습니다.

우리는 말을 잘하기 위해서 발음을 정확하게 내는 훈련을 합니다. '아에이오우'하며 발음을 연습합니다. 또한 우리는 말의 강약을 조절하는 훈련도 합니다. 요즘 노래를 부르는 가수들도 처음에는 아주 작은 소리로 노래를 시작해서 아주 고음일 때는 강하고 높은 소리로 노래를 부릅니다. 그러나 여기서 말하는 혀를 길들이는 것은 이런 것들을 말하는 것이 아니라 사람을 죽이는 독이 가득한 말을 하지 않고 사람을 살리는 말과 소망을 주는 말과 위로가 되는 말들을 할 수 있는 것을 말합니다.
야고보 사도는 야고보서 3장 9절과 10절에서 한 입으로 두 말하는 것이 문제라고 지적합니다.

"이것으로 우리가 주 아버지를 찬송하고 또 이것으로 하나님의 형상대로 지음을 받은 사람을 저주하나니 한 입에서 찬송과 저주가 나오는도다 내 형제들아 이것이 마땅하지 아니하니라"

우리는 한입으로 한 말을 해야지 두 가지 말을 하지 말아야 합니다. 그러나 많은 사람이 두 가지 말을 합니다.

기분이 좋을 때는 입으로 그렇게 하겠다고 말해놓고도 금시 그 말을 바꾸어버립니다. 어떤 경우는 기분이 좋아서 하나님을 찬양하다가 어떤 경우는 다른 사람을 저주합니다.

다시 말해서 이렇다 저렇다 하는 것입니다. 기분이 좋으면 좋은 말을 하다가 기분이 나쁘면 함부로 말합니다. 그러나 이렇게 말하는 것은 우리가 구원받은 형제로서 마땅하지 않습니다. 그래서 야고보서 3장 9절과 10절은 "내 형제들아"라고 두 번이나 강조합니다. 이것은 마치 한 샘물에서 단물과 쓴 물을 동시에 내지 못하는 것처럼, 한 나무가 다른 열매를 맺지 못하는 것처럼 우리는 한 입으로 두 가지 말을 해서는 안 됩니다. 우리는 사람을 살리고 위로하고 격려하는 말을 할 수 있도록 혀를 길들여야 합니다.

3) 우리가 말을 잘하려면 성숙한 사람이 되어야 합니다.

우리는 어떻게 말을 잘할 수 있을까요? 우리가 어떻게 말을 지혜롭게 잘할 수 있을까요? 우리가 어떻게 말을 부정적으로 말하지 않고 긍정적으로 말할 수 있을까요? 야고보서 3장 2절은 이렇게 말씀합니다.

"우리가 다 실수가 많으니 만일 말에 실수가 없는 자라면 곧 온전한 사람이라 능히 온 몸도 굴레 씌우리라"

그러므로 우리가 말을 잘하려면 먼저 성숙한 사람이 되어야 합니다. 우리가 성숙한 사람이 되면 모든 것은 걱정할 필요가 없습니다. 성숙한 사람은 말에 실수가 없는 사람이기 때문입니다. 말을 부정적으로 하지 않고, 말을 긍정적으로 할 줄 아는 사람이기 때문입니다. 성숙한 사람은 자신의 온 몸도 굴레를 씌울 수 있습니다. 이것은 다른 일도 얼마든지 잘할 수 있다는 말입니다. 그러므로 성숙한 사람이 되는 것이 바로 말을 잘하는 비결입니다.

그렇다면 우리는 성숙한 사람이 되었을까요? 우리 자신이 성숙한 사람인지 아닌지를 어떻게 알 수 있을까요? 그것은 우리가 사용하는 말을 들어보면 알 수 있습니다. 왜냐하면 우리의 말은 우리의 영적 상태를 공개하기 때문입니다. 우리가 하는 말을 들어보면 영적으로 미숙한 사람인지 영적으로 성숙한 사람인지 드러날 수밖에 없습니다. 왜냐하면 미숙한 사람은 어린아이처럼 말하기 때문입니다.

> "내가 어렸을 때에는 말하는 것이 어린 아이와 같고 깨닫는 것이 어린 아이와 같고 생각하는 것이 어린 아이와 같다가 장성한 사람이 되어서는 어린 아이의 일을 버렸노라"(고전 13:11)

여기서 성숙한 사람은 어린 아이의 일을 버립니다. 다시 말해서 어린 아이처럼 말하지 않습니다. 그러므로 성숙한 사람은 말을 잘하는 사람입니다. 여기서 말을 잘한다는 것은 우리가 말하는 말의 기법을 말하는 것이 아니라 성숙한 사람답게 부정적인 말을 사용하지 않고, 좋은 말과 긍정적인 말을 사용할 줄 아는 것을 말합니다. 이제 우리는 성숙한 사람이 되어야 합니다. 그러나 우리가 말에 실수가 있다면 우리는 우리의 인생을 파괴하는 사람입니다. 말은 우리에게 그만큼 중요한 것입니다. 우리에게 하나님의 기적이 일어나게 하려면 말을 잘해야 합니다. 우리가 사용하는 말이야말로 우리의 운명을 바꾸고 기적을 창조하기 때문입니다.

4. 영적으로 성장하려면 지혜로운 사람이 되어야 합니다.

야고보서 3장 13절은 "너희 중에 지혜와 총명이 있는 자가 누구냐 그는 선행으로 말미암아 지혜의 온유함으로 그 행함을 보일지니라"라고 말합니다. 여기서 지혜로운 사람은 총명한 사람으로서 선행을 실천하여 행함을 나타내는 사람입니다. 어떤 사람은 세상에서 굉장히 지혜롭게 보이고 똑똑하게 보이는 사람이 있습니다. 하지만 세상의 지혜로 성숙한 사람이 될 수 없습니다. 그렇다면 세상의 지혜와 하나님이 주는 지혜의 차이점이 무엇일까요?

야고보서 3장 14절부터 17절은 이렇게 말씀합니다.

> "그러나 너희 마음 속에 독한 시기와 다툼이 있으면 자랑하지 말라 진리를 거슬러 거짓말하지 말라 이러한 지혜는 위로부터 내려온 것이 아니요 땅 위의 것이요 정욕의 것이요 귀신의 것이니 시기와 다툼이 있는 곳에는 혼란과 모든 악한 일이 있음이라 오직 위로부터 난 지혜는 첫째 성결하고 다음에 화평하고 관용하고 양순하며 긍휼과 선한 열매가 가득하고 편견과 거짓이 없나니"

여기서 세상의 지혜는 정욕적이고 귀신이 주는 지혜이기에 요란하고 시기와 다툼이 일어난다고 말합니다. 그러나 하나님이 주신 위로부터 난 지혜는 성결하고 화평하고 관용하고 양순하고 긍휼과 선한 열매가 가득하고 거짓이 없어 정직하고 진실합니다.

결국 이 모든 것은 인간관계에서 필요한 지혜를 말합니다. 우리의 인간관계 가운데 요란하고 시기가 있고 다툼이 있다면 그것은 지혜로운 사람이 아닙니다. 하나님이 주신 지혜는 성결하여 깨끗합니다. 하나님이 주신 지혜는 화평하여 다툼이 없습니다. 하나님이 주신 지혜는 관용하여 다 용납하고 받아줍니다. 하나님이 주신 지혜는 양순하여 마음이 착합니다. 하나님이 주신 지혜는 긍휼로서 상대방을 불쌍히 여깁니다. 하나님이 주신 지혜는 거짓이 없어 정직하고 진실합니다.

그러므로 야고보서 3장 18절은 그러한 사람이 진정 '피스 매이커'로서 지혜로운 사람이라고 말합니다.

   "화평하게 하는 자들은 화평으로 심어 의의 열매를 거두느니라"

여기서 '화평하게 하는 자들'이 바로 '피스 메이커'입니다. 그들은 의의 열매를 거두게 됩니다. 그러므로 우리는 이제 무엇을 하려고 하기 이전에 먼저 성숙한 사람이 되어야 합니다. 그리고 성숙한 사람은 믿음의 사람입니다. 성숙한 사람은 말을 아름답게 하는 사람입니다. 성숙한 사람은 지혜로운 사람입니다. 그러므로 우리는 성숙한 사람으로서 화평하게 하는 '피스 매이커'가 되어야 합니다.

성경

성경의 영어 이름 바이블(Bible)은 헬라어 비불리아(biblia)에서 유래된 것으로 책들이란 뜻입니다. 또한 성경은 이 세상의 책 중에서 유일하게 하나님의 말씀이 기록된 책입니다. 하나님은 선지자들에게 자신의 말씀을 기록하도록 인도하셨습니다. 그래서 구약성경 예레미야를 읽어보면, "여호와께로부터 예레미야에게 말씀이 임하니라 이르시되"(렘 7:1)라는 말씀이 자주 등장합니다. 또한 하나님께서 선지자들에게 말씀하셨다면 마지막에는 "여호와의 말씀이니라"라는 말씀이 뒤에 나옵니다.

하나님은 세상 사람들에게 하나님의 말씀인 성경을 주시는 일에 이스라엘의 유대인들을 사용하셨습니다. 성경은 '누가'라는 이방인을 제외하고 모두 유대인들이 기록했습니다. 하나님은 세상의 모든 사람에게 하나님의 말씀을 전하기 위해 유대인들을 선택하신 것입니다.

성경이 책 중에서 가장 뛰어난 책이 되는 이유는 성경은 하나님의 말씀이기 때문입니다.

1. 성경은 완벽하게 오늘의 시대까지 전해졌습니다.

트레버 맥클웨인과 낸시 에버슨과 존 크로스는 성경이 과거에 기록되어 오늘의 시대까지 완벽하게 전해진 배경을 설명합니다.

"선지자들이 처음으로 기록한 말씀을 성경의 원본이라고 합니다. 하지만 원본의 수명은 영구적인 것이 아니었기 때문에 원본의 내용을 후대에 전하고, 성경의 보급을 위해 사본이 필요했습니다. 이 사본의 기록은 서기관이라고 부르는 사람들이 아주 조심스럽게 맡아서 기록했습니다. 서기관들은 하나님의 말씀을 지킨다는 경각심으로 역사상 가장 뛰어난 필사 작업을 해 왔습니다. 그들은 꼼꼼하게 원본과 필사본을 대조해 두 기록이 완전히 일치하는지를 확인했습니다.

유대인들은 목숨을 걸고 성경 기록의 순수성을 지켜 왔기 때문에 지금 우리가 보는 성경은 선지자들이 처음 기록한 원본과 일치다고 해도 무리가 아닙니다. 성경은 어떤 기준으로 보아도 참으로 독특하여 인류 역사상 가장 많이 인용되었고, 가장 많은 언어로 번역되었으며, 가장 많은 부수가 출판되었고, 가장 영향력이 컸습니다. 성경에는 인생의 가장 중요한 문제에 대한 해답이 들어 있습니다. 하나님은 성경을 통해서 자신이 누구시며, 어떤 분이신지를 가르쳐주십니다. 하나님은 성경을 통해서 사람이 과연 어떤 존재인지도 가르쳐 주십니다. 곧 우리와 하나님과의 관계, 우리를 둘러싸고 있는 세상과의 관계, 다른 사람들과의 관계, 그리고 우리의 현재의 삶과 영원한 삶에 관해 가르쳐 주십니다. 성경은 하나님께서 우리 각자에게 주시는 개인적인 메시지이며, 유일하게 성경만이 우리 인생에 대한 해답을 주시는 하나님의 메시지입니다."

2. 성경은 하나의 이야기를 담고 있는 책입니다.

하나님의 말씀 성경은 66권의 책이 아니라 66장으로 되어 있는 한권의 책이며, 사람들이 읽기 편리하도록 1,189장과 31,173구절로 나누어져 있어 하나로 연결된 이야기로 이해하지 못하지만, 성경의 장은 11세기에, 그리고 절은 16세기에 사람들이 읽기에 편리하도록 나누어 놓은 것입니다. 성경의 원본은 장절의 구분 없이 하나로 연결되는 이야기이기 때문에 우리는 성경을 하나의 이야기로 이해할 수 있습니다. 성경에는 구원을 알려주는 복음의 물줄기가 계속 흘러가고 있습니다. 창세기에서 발원하여 요한 계시록까지 도도히 흘러가는 복음의 물줄기가 있는 것입니다.

트레버 맥클웨인과 낸시 에버슨은 성경이 하나의 이야기라는 것을 자세히 설명합니다.
"성경에는 분명한 시작과 끝이 있습니다. 그 시작과 끝 사이에서 발생하는 모든 사건을 역사적 순서에 따라 이해한다면, 성경을 하나의 완전한 이야기로서 일관성 있게 잘 이해할 수 있습니다. 성경은 모든 인류를 향한 하나님의 통일된 메시지라고 할 수 있습니다. 그러므로 구약성경은 단지 신약성경을 이해하는 예화가 아니며, 신약성경에 예수 그리스도께서 등장하시기까지 그 모든 과정을 논리적으로 전개하고 있습니다. 그러므로 구약성경은 신약성경으로 이어지는 역사적 사실을 이해하는 데 꼭 필요하고 중요한 자료입니다. 하나님의 완전한 메시지를 세상에 제대로 전하기 위해서는 구약성경과 신약성경 둘 다 필요하기 때문입니다."

3. 성경은 예수 그리스도에 관한 책입니다.

성경은 1600년이란 장구한 세월을 걸쳐 약 40명의 저자들에 의해 기록되었습니다. 그들의 직업은 왕, 정치가, 선지자, 제사장, 서기관, 목동, 시인, 역사가, 세리, 의사, 어부 등 참으로 다양하며, 기록된 장소도 3개 대륙인 아시아, 아프리카, 유럽에서 기록되었으며, 사용된 언어도 세 가지 언어인 히브리어, 아람어, 헬라어로 기록되었습니다.

창세기를 기록한 모세와 요한 계시록을 기록한 사도 요한은 그 역사적인 간격이 무려 약 1600년이나 됩니다. 창세기는 BC 1446-1406년경에 기록이 되었고, 요한 계시록은 AD 96년경에 기록이 되었습니다. 그러므로 우리는 직업과 경험이 다른 여러 저자가 각각 다른 때에 다른 목적을 가지고 기록했다고 생각하겠지만, 단 하나의 통일된 주제를 기록하고 있다는 것을 알 수 있습니다. 왜냐하면 이 여러 저자들 배후에는 오직 성경의 진정한 저자이신 하나님께서 계시기 때문입니다.

그렇다면 성경의 주제는 과연 무엇이며 성경의 주인공은 누구일까요? 성경의 주제는 구원의 복음이며, 성경의 주인공은 예수 그리스도이십니다. 그래서 예수님은 요한복음 5장 39절에서 "너희가 성경에서 영생을 얻는 줄 생각하고 성경을 연구하거니와 이 성경이 곧 내게 대하여 증언하는 것이니라"라고 말씀하셨습니다.

여기서 예수님은 '이 성경이 곧 내게 대하여 증언하는 것이니라'라고 말씀하셨습니다. 그렇습니다. 성경은 바로 예수 그리스도에 관하여 기록된 책입니다. 그러므로 성경의 주인공은 예수 그리스도이시며, 성경 전체가 예수 그리스도에 대해 증거하고 있습니다. 구약성경은 장차 오실 그리스도에 대해, 신약성경은 이미 오신 그리스도에 대해 기록했습니다. 성경은 처음부터 끝까지 모두 예수 그리스도를 증거하고 있기 때문에 윌리암 비더울과 존 스코트는 이렇게 말합니다.

"신약성경을 읽고도 예수 그리스도가 사람 이상의 분이심을 알지 못하는 사람은 구름 한 점 없는 대낮에 높은 하늘을 쳐다보면서도 해를 보지 못하는 사람과 같습니다. 우리가 예수 그리스도를 사랑한다면, 당연히 성경도 사랑하게 되는데 성경이 그분에 대하여 우리에게 말씀하고 있기 때문입니다."

트레버 맥클웨인과 낸시 에버슨은 성경이 그리스도에 관한 이야기라는 것을 자세히 설명합니다.

"성경에서 예수 그리스도에 관한 이야기는 창세기 1장 1절부터 시작됩니다. 왜냐하면 태초 바로 그곳에 예수 그리스도께서 계셨기 때문입니다. 단지 인간의 타락 이전에는 메시아에 대한 약속이 없었을 뿐입니다. 또한 예수 그리스도의 이야기는 구약성경 전체를 통하여 많은 예언과 예표들로 계속 이어집니다. 신약성경은 예수 그리스도의 탄생과 그분의 생애 및 죽으심과 부활, 그리고 승천하여 영광 받으신 사실을 통해 그 예언들이 성취되었음을 증언합니다. 그러므로 신약성경의 복음서에 기록된 예수 그리스도의 이야기는 구약성경에서 계속 이어지는 이야기입니다.

마태복음은 예수 그리스도의 탄생으로부터 그 이야기가 시작됩니다. 그런데 별개의 새로운 이야기로 시작되는 것이 아니라, 이전에 기록된 예언의 성취와 완성을 선포하며 시작됩니다. 사도 마태는 우선 아브라함과 관련지어 예수 그리스도를 설명합니다. 하나님은 오래전인 과거에 아브라함에게 이렇게 약속하셨습니다. "땅의 모든 족속이 너로 말미암아 복을 얻을 것이라"(창 12:3) 결국 이 약속을 포함하여 아브라함에게 주신 모든 약속이 곧 그리스도라 하는 아브라함의 씨를 통하여 이루어졌습니다(갈 3:16). 마가복음은 시작부터 예수 그리스도의 생애에 대하여 언급하는 것 같지만 마가 역시 예수 그리스도의 생애가 전혀 새로운 시작이 아니라 이전에 기록된 선지자의 예언이 성취된 사건임을 상기시켜줍니다. "선지자 이사야의 글에 보라 내가 내 사자를 네 앞에 보내노니 그가 네 길을 준비하리라"(막 1:2)

'누가'는 누가복음에서 예수 그리스도의 계보를 아담까지 거슬러 올라갑니다. '누가'는 이 위대한 이야기가 베들레헴의 마리아와 요셉과 아기 예수에게서 처음으로 시작되는 것이 아님을 알려 줍니다. 따라서 누가복음을 분명하게 이해하기 위해서는, 성경의 역사적 드라마에서 첫 사람인 아담의 역할부터 이해해야 합니다.

요한복음은 태초에 계신 '말씀'으로부터 시작됩니다. 그 '말씀'이 영원 전부터 계셨음을 언급하며 시작합니다. 그리고 이 이야기는 그 '말씀'에 의한 만물의 창조와 성육신으로 진행되고 있습니다(요 1:1-3). 사도 요한은 그 '말씀'에 미래에 관한 이야기를 기록하였는데, "또 그가 피 뿌린 옷을 입었는데 그 이름은 하나님의 말씀이라 칭하더라"라고 묘사하고 있습니다(계 19:13). 만약 예수 그리스도께서 하나님께서 세상을 지으신 태초와 분리된다면 우리는 예수 그리스도에 대한 전체적인 이야기를 이해하지 못할 뿐만 아니라 또 가르칠 수도 없습니다. 그러므로 우리는 구약성경의 태초부터 시작하여 신약성경의 성취와 완성에 이를 때까지 체계적으로 이해해야 합니다."

그러므로 성경의 주인공은 예수 그리스도이십니다. 신약성경은 그리스도에 관하여 훨씬 더 분명하게 소개합니다. 예수 그리스도는 구약성경의 초점이며 신약성경의 기초입니다. 예수 그리스도는 창조주시며 또한 모든 것을 완성하시는 분입니다.

4. 성경은 하나님의 감동으로 기록되었습니다.

하나님의 감동이란 하나님께서 사람에게 전하는 기록된 메시지와 관계

됩니다. 계시는 감추어져 있던 것을 열어 보여주는 것이며, 하나님의 감동은 성경의 기자들이 하나님의 메시지를 기록할 때 오류와 누락에서 보호하고 감독하여 정확하게 기록하게 하신 것입니다.

그러므로 장두만 박사는 이렇게 말합니다.
"하나님의 감동이란 하나님의 계시가 어떻게 인간의 언어로 기록되게 되었는가 하는 문제를 취급합니다. 일반적으로 감동이란 성령 하나님께서 인간 저자의 개성, 배경, 교육 등을 사용하여 하나님의 계시를 그 원본에 있어서 오류 없이 인간의 언어로 기록되도록 인도하시는 행위를 뜻합니다. 감동의 원천은 하나님이시며, 인간의 저자와 관계되며, 기록된 최종 글과 관계되며, 언어적이며, 원어에만 국한되며, 감동의 결과는 절대 오류가 없으며, 감동은 성경에만 국한이 되어 있습니다."

성경이 하나님의 감동으로 기록된 이유는 구원의 복음을 인간에게 전달하는 수단은 기록된 말씀이 없다면 전달할 수 없기 때문입니다. 하나님의 말씀이 기록되었다 해도 잘못 기록되었다면 아무런 의미가 없기 때문입니다. 그러므로 하나님께서는 하나님의 계시가 기록되는 부분에 비상한 관심을 가지고 감독하시고 간섭하신 것이 바로 성경이 하나님의 감동으로 기록된 이유입니다. 성경은 성령님을 모신 거룩한 사람들이 기록했기 때문에 성경의 저자는 성령님과 사람입니다. 그러나 엄밀히 말하면 성령께서 저자이시고 사람은 기자에 불과합니다.

성령께서 죄인인 인간 기자에게 감동을 주어 성경을 기록하게 하심으로 전혀 오류가 없는 성경이 되었습니다. 성경이 하나님의 감동으로 기록되었기 때문에 하나님의 말씀이며, 그리스도인의 신앙과 실천의 유일한 규범적 권위를 가지고 있습니다. 성경의 감동을 말해주는 가장 중요한 구절은 디모데후서 3장 16절입니다.

"모든 성경은 하나님의 감동으로 된 것으로 교훈과 책망과 바르게 함과 의로 교육하기에 유익하니"

여기서 성경이 하나님의 감동으로 기록되었다는 것은 하나님께서 사람에게 숨을 불어 넣었다는 뜻입니다. 성경은 하나님의 깊은 곳으로부터 나와 사람에게 전달되었으며, 성경 전체가 성령의 감동으로 기록된 것입니다. 성경이 하나님의 감동으로 기록되었다는 말은 하나님께서 성경의 말씀을 받아쓰도록 하신 것이 아니라 하나님께서 성경의 저자들의 용어와 표현을 선택하는 일에 오류에 빠지지 않도록 보호하신 것입니다.

하나님께서 불완전한 성경의 저자를 보호하셔서 오류에 빠지지 않게 하시고, 그러면서도 인간 저자의 문장 스타일과 단어와 개성을 적극적으로 활용하신 것입니다. 성령의 충분하고 충족된 감동이 성경의 모든 부분과 문자들에 미처 하나님의 말씀이 잘못되지 않게 하신 것입니다. 하나님은 자신의 깊은 뜻을 인간 저자에게 말씀하셨고, 그들은 그것을 손으로 기록했습니다. 그들은 하나님의 의도를 정확하게 기록하였지만 그들의 고유한 성격과 문체가 그대로 사용되었습니다.

그러나 하나님의 뜻이 잘못 기록되는 오류는 결단코 허용하지 않았습니다. 하나님의 말씀은 마치 하나님께 받아 기록한 것과 같기 때문입니다.

"먼저 알 것은 성경의 모든 예언은 사사로이 풀 것이 아니니 예언은 언제든지 사람의 뜻으로 낸 것이 아니요 오직 성령의 감동하심을 받은 사람들이 하나님께 받아 말한 것임이라"(벧후 1:20-21)

여기서 베드로는 성경의 모든 예언이 처음부터 끝까지 하나님에게서 나왔다고 밝힙니다. 21절에서 성경의 예언이 인간의 생각이나 의지에서 유래된 것이 아니라 하나님으로부터 나온 것임을 분명하게 밝힙니다.

5. 성경은 성령님께서 깨닫게 하십니다.

성경이 하나님의 감동으로 기록되어 전혀 오류가 없더라도 우리가 하나님의 말씀을 이해할 수 없다면 아무런 소용이 없을 것입니다. 우리는 과연 어떻게 성경의 진리를 깨달아 알 수 있을까요? 여기서 하나님의 말씀을 깨닫게 하시는 성령의 역사가 필요합니다. 성경이 하나님의 감동으로 기록된 것은 신약성경이 완성되면서 끝나고 이제 지금은 성령께서 성경의 진리를 깨닫게 하심으로 우리는 성경의 진리를 이해할 수 있습니다.

성령께서 성경의 진리를 깨닫게 하시는 것은 하나님의 자녀들이 성경의 진리를 깨닫고 이해하도록 마음에 비춰시는 성령의 역사입니다. 우리는 하나님의 감동으로 기록된 성경의 계시를 성령께서 깨닫게 하심으로 성경의 진리를 이해할 수 있습니다. 우리는 성령께서 깨닫게 하심으로 성경의 영적인 진리를 이해할 수 있습니다.

토져와 아논과 토마스 만톤은 성령께서 구원의 복음을 깨닫게 하시는 사역에 대해 이렇게 말합니다.

"영적으로 굶주린 사람들에게 있어서 이 시대의 가장 큰 필요는 두 가지입니다. 첫째로 하나님께서 구원의 진리를 주시지 않았다고 말하기 전에 우선 성경을 알아야 합니다. 둘째로 성경은 이해될 수 없다고 말하기 전에 우선 성령님의 비췸을 받아야 합니다."

어느 책이나 그 책의 가장 훌륭한 해석자는 바로 저자입니다. 성경의 원저자는 성령이시기에 그분이 깨닫게 하셔야 성경의 진리를 이해할 수 있습니다. 그래서 사도 바울은 우리에게 성령이 오신 이유를 이렇게 말합니다.

"우리가 세상의 영을 받지 아니하고 오직 하나님으로부터 온 영을 받았으니 이는 우리로 하여금 하나님께서 우리에게 은혜로 주신 것들을 알게 하려 하심이라"(고전 2:12)

6. 성경은 그리스도인의 삶에 매우 유익한 책입니다.

1) 성경은 그리스도인에게 구원에 이르게 하는 지혜를 줍니다.

"또 어려서부터 성경을 알았나니 성경은 능히 너로 하여금 그리스도 예수 안에 있는 믿음으로 말미암아 구원에 이르는 지혜가 있게 하느니라"(딤후 3:15)

우리는 성경에서 영생을 얻을 수 있는 비결을 발견할 수 있습니다. 성경을 떠나서는 하나님께서 주시는 구원의 복음을 도저히 알 수 없습니다. 성경에는 구원 얻는 복음이 자세히 기록되어 있기 때문입니다. 그러므로 성경을 통해서 하나님이 준비하신 완전한 복음을 정확하게 알고 그 복음으로 죄의 사함을 받고 예수 그리스도를 인격적으로 만나는 경험을 해야 합니다.

2) 성경은 그리스도인에게 믿음이 자라게 하며 승리하는 삶을 살게 도와줍니다.

우리가 성경을 가까이할 때 믿음이 성장합니다. 사도 바울이 에베소 지역의 목회자들과 이별할 때도 그들을 주 예수님께 부탁하고 은혜의 말씀에 부탁한 이유는 하나님의 말씀이 그들을 능히 든든히 세워주기 때문이었습니다. "지금 내가 여러분을 주와 및 그 은혜의 말씀에 부탁하노니 그 말씀이 여러분을 능히 든든히 세우사 거룩하게 하심을 입은 모든 자 가운데 기업이 있게 하시리라"(행 20:32) 그러므로 성경을 떠난 믿음의 성장은 있을 수 없습니다.

예수님은 마태복음 4장 1절부터 11절에서 마귀 사탄에게 유혹을 받으실 때 하나님의 말씀으로 무장하고 그 말씀으로 마귀 사탄을 대적하여 승리하셨습니다. 그러나 아담과 하와는 사탄에게 유혹을 받을 때 말씀에 무장되어 있지 않아 넘어지고 말았습니다. 그러므로 하나님의 말씀은 그리스도인에게 승리하는 삶을 살아가도록 도움을 줍니다.

3) 성경은 그리스도인에게 정결한 삶을 살게 도와줍니다.

시편 119편 9절부터 11절에서 시인이 무엇으로 자신의 행실을 깨끗하게 유지했을까요? 시인은 하나님의 말씀으로 조심했기 때문에 자신의 삶을 깨끗하게 유지했습니다. 시인은 주께 범죄 하지 않기 위해서 하나님의 말씀을 마음속에 간직하였습니다. 그러므로 시편 119편 101절부터 104절에서 시인은 주님의 말씀 때문에 명철하게 되어 모든 거짓된 행위를 미워하게 되었다고 고백합니다. 시인은 주의 말씀을 지키려고 모든 악한 길로 가지 아니하였으며, 주님을 통하여 하나님의 말씀을 배워서 말씀을 떠나지 아니하였으며, 하나님의 말씀이 자신에게 꿀보다도 더 맛있다고 고백합니다.

> "내가 주의 말씀을 지키려고 발을 금하여 모든 악한 길로 가지 아니하였사오며 주께서 나를 가르치셨으므로 내가 주의 규례들에서 떠나지 아니하였나이다 주의 말씀의 맛이 내게 어찌 그리 단지요 내 입에 꿀보다 더 다니이다 주의 법도들로 말미암아 내가 명철하게 되었으므로 모든 거짓 행위를 미워하나이다"

그러므로 성경은 그리스도인에게 정결한 삶을 살게 도와줍니다.

4) 성경은 그리스도인의 영혼을 살아나게 하며 격려와 위로를 줍니다.

죄로 인하여 죽었던 인간의 영혼이 어떻게 다시 살아날 수 있을까요? 시편 19편 7절은 하나님의 말씀이 완전하기에 능히 우리의 영혼을 살릴 수 있다고 말합니다. "여호와의 율법은 완전하여 영혼을 소성시키며" 그러므로 시인은 시편 119편 40절에서 "내가 주의 법도들을 사모하였사오니 주의 의로 나를 살아나게 하소서"라고 기도합니다.

그러므로 하나님의 말씀이 없다면 우리의 영혼은 죽을 수밖에 없습니다. 하나님께서는 말씀이라는 도구를 통해서 우리에게 장래의 소망을 주십니다. 시편 119편 49절과 50절과 143절에서 시인은 하나님이 말씀으로 위로해 주시고, 말씀으로 자신을 살렸다고 고백합니다. 그는 환난과 우환이 있을 때도 하나님의 말씀이 즐거움을 주었기 때문에 여러 가지 어려움을 극복할 수 있었다고 고백합니다.

> "주의 종에게 하신 말씀을 기억하소서 주께서 내게 소망을 가지게 하셨나이다 이 말씀은 나의 고난 중의 위로라 주의 말씀이 나를 살리셨기 때문이니이다, 환난과 우환이 내게 미쳤으나 주의 계명은 나의 즐거움이니이다"

세상의 무엇으로 우리가 위로를 얻을 수 있을까요? 오직 하나님의 말씀만이 우리의 심령을 치료하는 보약입니다.

5) 성경은 그리스도인에게 지혜와 명철을 줍니다.

시인은 우리가 하나님의 말씀을 가까이하면 원수와 노인과 스승보다도 지혜롭고 명철하게 된다고 시편 119편 98절부터 100절에서 말합니다.

"주의 계명들이 항상 나와 함께 하므로 그것들이 나를 원수보다 지혜롭게 하나이다 내가 주의 증거들을 늘 읊조리므로 나의 명철함이 나의 모든 스승보다 나으며 주의 법도들을 지키므로 나의 명철함이 노인보다 나으니이다"

그러므로 우리가 지혜롭게 되기 위해서 하나님의 말씀을 가까이하고, 묵상하고, 하나님의 말씀에 순종해야 합니다.

그러면 우리도 지혜로운 사람이 될 수 있습니다. 솔로몬은 우리를 지혜롭게 만들기 위해서 잠언을 기록했습니다.

"다윗의 아들 이스라엘 왕 솔로몬의 잠언이라 이는 지혜와 훈계를 알게 하며 명철의 말씀을 깨닫게 하며 지혜롭게, 공의롭게, 정의롭게, 정직하게 행할 일에 대하여 훈계를 받게 하며 어리석은 자를 슬기롭게 하며 젊은 자에게 지식과 근신함을 주기 위한 것이니 지혜 있는 자는 듣고 학식이 더할 것이요 명철한 자는 지략을 얻을 것이라 잠언과 비유와 지혜 있는 자의 말과 그 오묘한 말을 깨달으리라"(잠 1:1-6)

우리가 지혜롭게 되기 위해서 잠언을 하루에 한 장씩 읽어야 합니다. 잠언은 31장으로 되어 있어서 하루에 한 장씩 읽으면 1개월에 한 번씩 읽을 수 있습니다.

6) 성경은 그리스도인의 삶을 인도해 주고 큰 평안을 줍니다.

시편 119편 105절에서 시인은 "주의 말씀은 내 발에 등이요 내 길에 빛이니이다"라고 고백합니다. 여기서 '내 발의 등'이라는 표현은 말씀이 하루의 삶을 인도해 주고, '내 길에 빛'이라는 표현은 우리의 미래까지도 인도해 주는 것을 나타냅니다. 하나님의 말씀은 하루하루의 삶을 인도해 주고, 장래의 비전과 앞으로 해야 할 일까지도 보여줍니다. 그러므로 성공적인 인생을 살아가기 위해서 말씀을 가까이해야 합니다.

시편 119편 165절에 하나님의 말씀을 사랑하는 사람에게 큰 평안이 약속되어 있습니다. 우리가 이 약속을 진정으로 믿고 가까이할 때 우리의 삶에 행복이 가득하게 됩니다. 우리가 성경 말씀을 바로 알 때 하나님을 찬양할 수 있습니다.

그러므로 시편 119편 164절과 171절에서 시인은 하나님께서 말씀을 가르쳐 주셨기 때문에 하루에 일곱 번씩 하나님을 찬양하게 되었다고 고백합니다.

"주의 의로운 규례들로 말미암아 내가 하루 일곱 번씩 주를 찬양하나이다,
주께서 율례를 내게 가르치시므로 내 입술이 주를 찬양하리이다"

우리가 하나님의 말씀을 바로 깨달을 때 하나님을 찬양할 수 있습니다. 성경 말씀을 깨닫는 것은, 하나님 말씀에서 감동을 받는 것이며, 우리의 마음이 말씀으로 감동을 받으면 우리의 입술이 저절로 열려 자연스럽게 하나님을 찬양하게 되는 것입니다.

7) 성경은 그리스도인에게 풍성한 열매를 맺게 해줍니다.

우리가 하나님의 말씀을 즐거워하여 묵상할 때 시냇가에 심겨진 나무처럼 아름다운 과실을 맺고 잎사귀가 마르지 않게 됩니다.

"오직 여호와의 율법을 즐거워하여 그의 율법을 주야로 묵상하는도다 그는

시냇가에 심은 나무가 철을 따라 열매를 맺으며 그 잎사귀가 마르지 아니함 같으니 그가 하는 모든 일이 다 형통하리로다"(시 1:2-3)

우리가 말씀을 묵상하고 순종할 때 우리가 하는 모든 일에 성공할 수 있습니다. "이 율법책을 네 입에서 떠나지 말게 하며 주야로 그것을 묵상하여 그 안에 기록된 대로 다 지켜 행하라 그리하면 네 길이 평탄하게 될 것이며 네가 형통하리라"(수 1:8) 그러므로 우리가 성공적인 인생을 살아가기 위해서 하나님의 말씀을 묵상하고 삶에 적용해야 합니다.

8) 성경은 그리스도인에게 하나님의 형상을 본받게 합니다.

사도 바울은 고린도후서 3장 18절에서 "우리가 다 수건을 벗은 얼굴로 거울을 보는 것 같이 주의 영광을 보매 그와 같은 형상으로 변화하여 영광에서 영광에 이르니 곧 주의 영으로 말미암음이니라"라고 말씀합니다. 바울은 여기서 우리가 주의 영광을 바라보아야 그분과 같은 형상으로 변화되어 영광에 이르게 된다고 말씀합니다. 그러면 우리는 어디서 주의 영광을 볼 수 있을까요? 우리는 하나님의 말씀을 통해서 주의 형상과 주의 영광을 볼 수 있습니다.

우리가 하나님의 말씀을 가까이하면 말씀을 통해서 하나님의 형상을 바라보게 되고, 하나님의 성품을 바라보게 되어 하나님의 형상으로 변화되는 것입니다.

9) 성경은 그리스도인에게 좋은 일군으로 쓰임 받게 해줍니다.

사도 바울은 디모데후서 2장 15절에서 디모데에게 "너는 진리의 말씀을 옳게 분별하며 부끄러울 것이 없는 일꾼으로 인정된 자로 자신을 하나님 앞에 드리기를 힘쓰라"라고 말씀합니다. 그러므로 하나님의 말씀을 모르는 자는 결코 주님의 사역에 쓰임 받을 수 없고, 하나님의 말씀을 모르는 자는 부끄러운 사역자가 될 수밖에 없습니다. 하나님의 사역을 하는 사역자라면 누구든지 진리의 말씀을 옳게 분별할 수 있어야 합니다. 또한 디모데후서 3장 16절과 17절에서 우리가 하나님의 말씀으로 성숙하게 되었을 때 모든 선한 일을 온전히 행할 수 있다고 말합니다.

> "모든 성경은 하나님의 감동으로 된 것으로 교훈과 책망과 바르게 함과 의로 교육하기에 유익하니 이는 하나님의 사람으로 온전하게 하며 모든 선한 일을 행할 능력을 갖추게 하려 함이라"

그러므로 그리스도인은 하나님의 사람으로 온전하게 되기 위해서 그리고 모든 선한 사역을 행할 능력을 갖추기 위해서 하나님의 말씀으로 교훈을 받고 책망을 받고 바르게 인도함을 받으며 의로운 교육을 받아 올바른 길로 계속 나아갈 수 있어야 합니다.

7. 성경을 섭취하는 방법이 있습니다.

말씀의 손의 다섯 가지 방법을 통해서 섭취할 수 있습니다. 말씀의 손

(Word Hand)은 그리스도인이 하나님의 말씀을 다섯 가지 방법을 통해서 섭취하는 것을 설명해 줍니다. 그것은 듣기와 읽기와 공부하기와 암송하기와 묵상하는 것입니다.

1) 듣기입니다.

이것은 교회에서 정기적으로 예배시간에 하나님의 말씀을 듣는 것을 통하여 하나님의 말씀을 섭취하는 것입니다. 그러나 우리가 듣는 것의 87-89%는 곧 잊어버리게 됩니다. 그러므로 다음 단계가 필요합니다.

"그러므로 믿음은 들음에서 나며 들음은 그리스도의 말씀으로 말미암았느니라"(롬 10:17)

2) 읽기입니다.

우리는 조직적으로 성경 읽기 프로그램을 가지고 정기적으로 하나님의 말씀을 읽음으로 성경 전체에 대한 윤곽을 파악할 수 있습니다.

"이 예언의 말씀을 읽는 자와 듣는 자와 그 가운데에 기록한 것을 지키는 자는 복이 있나니 때가 가까움이라"(계 1:3)

3) 공부입니다.

개인적으로 혹은 소그룹 중심으로 성경을 공부함으로 하나님의 진리를 발견하고 적용하는데 많은 도움이 됩니다.

"베뢰아에 있는 사람들은 데살로니가에 있는 사람들보다 더 너그러워서 간절한 마음으로 말씀을 받고 이것이 그러한가 하여 날마다 성경을 상고하므로, 에스라가 여호와의 율법을 연구하여 준행하며 율례와 규례를 이스라엘에게 가르치기로 결심하였었더라"(행 17:11, 스 7:10)

이 말씀에서 중요한 단어는 말씀을 "연구하는 것"과 말씀을 "준행하는 것"과 말씀을 "가르치는 것"입니다. 에스라는 말씀을 부지런히 연구하고 그 다음에 자신이 먼저 삶에 적용하고 다른 사람들에게 가르치기로 결심했습니다. "이 구원에 대하여는 너희에게 임할 은혜를 예언하던 선지자들이 연구하고 부지런히 살펴서"(벧전 1:10) 하나님의 말씀을 공부하는 것은 말씀 읽기보다 더 효과적입니다.

4) 암송입니다.

하나님의 말씀을 암송해 두면 사탄과 죄의 유혹을 이겨낼 수 있습니다. 전도할 때에도 때에 맞는 말씀을 전할 수 있습니다. 암송은 하나님의 말씀을 섭취하는 데 있어서 가장 효과적인 방법입니다. 내 속에 하나님의 말씀을 많이 간직하면 할수록 그 말씀은 더욱 우리의 생각에 영향을 미칩니다(시 119:9-11, 신 6:6).

5) 묵상입니다.

묵상은 말씀의 손 가운데서 엄지손가락입니다. 이것은 다른 네 가지 각각의 방법과 결합해서 사용할 수 있기 때문입니다. 하나님의 말씀을 충분히 묵상할 때 그 말씀을 생활 속에 적용하는데 많은 도움을 줍니다. 묵상이 없다면 말씀은 우리의 삶에 아무런 영향을 주지 못합니다(시 1:2-3,

수 1:8). 에베소서 6장 17절에 의하면 하나님의 말씀은 검이라고 소개합니다. "성령의 검 곧 하나님의 말씀을 가지라" 그런데 다섯 손가락으로 검을 쥘 때 능숙하게 검을 잘 사용할 수 있습니다.

이 다섯 가지 방법은 단지 이론적인 것에 그쳐서는 안 됩니다.
그러므로 우리는 이 다섯 가지 방법을 다 사용해서 하나님의 말씀을 섭취해야 합니다.

하나님

우리가 세상에서 알아야 할 것이 참으로 많고 만나야 할 사람도 많습니다. 하지만 우리가 살아 계시는 하나님을 바로 알고 그분의 아들 예수님을 개인적으로 그리고 인격적으로 만나는 것보다 더 중요한 일은 없습니다. 여기에 우리의 영원한 운명이 달려 있기 때문입니다. 우리가 하늘나라에서 영원히 행복을 누리며 살 것인가, 아니면 지옥에서 영원히 고통을 당하며 살 것인가를 결정하는 일이기 때문입니다.

그렇다면 하나님은 누구실까요?

1. 하나님은 창조주이십니다.

하나님께서 온 우주 만물을 설계하시고 건축하시고 창조하셨습니다.

"태초에 하나님이 천지를 창조하시니라"(창 1:1)

"집마다 지은 이가 있으니 만물을 지으신 이는 하나님이시라"(히 3:4)

"대저 여호와께서 이같이 말씀하시되 하늘을 창조하신 이 그는 하나님이시니 그가 땅을 지으시고 그것을 만드셨으며 그것을 견고하게 하시되 혼돈하게 창조하지 아니하시고 사람이 거주하게 그것을 지으셨으니 나는 여호와라 나 외에 다른 이가 없느니라"(사 45:18)

이 말씀들은 우주 만물이 어떻게 생겨났는지, 사람은 어디서 왔는지, 자연계의 신비한 법칙들이 어떻게 존재하게 되었는지 정확하게 알려줍니다. 우리가 하나님을 창조주로 인정하고 받아들이면 인간이 존재하는 그 이유를 알게 되며, 인간의 본분과 제자리를 찾게 되어 행복한 삶을 살아갈 수 있습니다. 하지만 사람의 모든 비극은 창조주 하나님을 부인하고 자신이 창조주의 자리에 앉으려고 하기에 일어납니다. 모든 물건은 제자리에 있을 때 보기에도 좋으며 그 물건이 자신의 용도에 따라 사용될 때 아름답습니다. 그와 마찬가지로 우리 인간도 창조주 하나님의 권위 아래 있을 때 행복한 삶을 살 수 있습니다.

노만 워렌은 창조주 하나님을 이렇게 소개하고 있습니다.

"어떤 사람들은 '하나님은 없다. 있다면 내가 볼 수 있었을 것이다'라고 말합니다. 하지만 우리 주변에는 볼 수 없는 것들이 많습니다. 그래도 우리는 그것들이 있음을 압니다. 우리는 바람을 볼 수 없습니다. 그러나 빨랫줄의 빨래와 나뭇가지의 나뭇잎을 보고 바람이 있음을 압니다. 우리는 전기를 볼 수 없습니다. 그러나 전등을 켜보면 전기가 있다는 것을 알 수 있습니다. 우리는 공기를 볼 수 없습니다. 그러나 공기 없이는 잠시도 살 수 없으므로 공기가 있음을 압니다. 우리는 사랑을 볼 수 없습니다. 그러나 우리를 돌봐주는 사람에게서 사랑이 있다는 것을 압니다. 우리는 하나님을 볼 수 없습니다. 그러나 우리 주위의 놀라운 세계가 있어서 하나님이 계심을 압니다. 이 세계는 작은 곤충에서 무한히 큰 우주에 이르기까지 아름다움과 색채와 놀라운 모양들로 가득 차 있습니다. 우연히 일어나는 일은 없습니다. 책을 보십시오. 글자들이 공중에 떠다니다가 우연히 그렇게 정돈이 되어 단어가 되고 문장이 된 것은 아닙니다. 누군가가 그것을 배열하여 의미가 있게 한 것입니다. 따라서 책에는 저자가 있어야 합니다. 누군가가 그것을 써야 합니다. 그림에는 화가가 있어야 합니다. 누군가가 그것을 그려야 합니다. 건물에는 건축가가 있어야 합니다. 누군가가 그것을 지어야 합니다. 이와 마찬가지로, 우리가 사는 세계도 우연히 생긴 것이 아닙니다. 누군가가 계획하여 만든 것입니다. 이 위대한 설계자, 건축가, 창조자를 우리는 하나님이라고 부릅니다."

2. 하나님은 스스로 존재하시는 분이십니다.

하나님이 모세에게 말씀하셨습니다. "나는 스스로 있는 자니라"(출 3:14) 우리 사람은 이 세상에 존재하게 된 원인이 있지만, 하나님은 제1의 원인으로서 스스로 계시며 살아 역사하시는 분이십니다.

"또 말하되 사시는 하나님이 너희 가운데 계시사"(수 3:10)

이 세상에 수많은 사람은 자기의 신들을 나무로, 혹은 돌로, 혹은 기타 어떤 재료들로 만들어 놓고, 듣지도 못하고, 보지도 못하고, 자기들을 도와줄 능력도 없는 우상 앞에 자기들의 소원을 빕니다. 어떤 사람들은 죽은 우상과 해와 달과 심지어는 짐승까지도 섬깁니다. 그리고 돈을 섬기고 명예를 섬기고 쾌락을 섬기는 사람들도 있습니다. 그러나 우리는 우리 자신을 굽어보시고, 우리의 기도를 들으시며, 우리를 도와주실 수 있는 참되고 살아 계신 하나님을 섬겨야 합니다.

3. 하나님은 전지전능하신 분이십니다.

하나님은 모든 것을 아시는 분이십니다. 하나님은 과거에 일어난 일도 모두 아시고, 현재 일어나고 있는 일이나, 장차 일어날 일도 모두 아십니다. 하나님은 우리가 알 수 없는 일도 아시기 때문에 하늘에 있는 별들의 숫자도 아시며 그 별들의 각각의 이름도 아십니다.

하나님은 우리 모두의 이름도 아십니다. 그분은 심지어 우리의 머리털의 수효까지도 아십니다. 사람들은 아무도 보는 사람이 없다고 생각하기 때문에, 자주 악한 일을 행합니다. 그러나 하나님은 항상 우리 인간을 굽어보고 계시기에 우리의 언행 일체를 알고 계십니다. 심지어 우리의 모든 비밀도 아십니다. 하나님께는 아무것도 숨길 수 없습니다. 하나님은 모든 것을 아시기 때문에 절대로 잘못을 범하는 일이 없으십니다.

또한 하나님은 모든 것을 다 하실 수 있는 전능하신 하나님이십니다. 하나님의 능력은 한이 없습니다. 그분은 원하시는 것은 무엇이든지 다 하실 수 있습니다.

"오직 우리 하나님은 하늘에 계셔서 원하시는 모든 것을 행하셨나이다"(시 115:3)

전능하신 하나님이 우리와 함께하시면 우리도 불가능을 극복할 수 있습니다(빌 4:13).

4. 하나님은 자비로우시고 선하고 사랑이십니다.

하나님은 모든 사람에게 친절하시고 자애로우신 분이십니다. 하나님은 그 자신에 대하여 이렇게 말씀하십니다.

"여호와께서 그의 앞으로 지나시며 반포하시되 여호와로라 여호와로라 자비롭고 은혜롭고 노하기를 더디하고 인자와 진실이 많은 하나님이로라 인자를 천대까지 베풀며 악과 과실과 죄를 용서하나"(출 34:6-7)

선하신 하나님은 만유를 선하게 대하시며 그 지으신 모든 것에 긍휼을 베푸십니다(시 145:9). 하나님은 모든 사람을 사랑하시며, 심지어 원수에게도 자애로우시고 은혜로우십니다. 또 성경은 하나님은 선한 사람에게나 악한 사람에게나 모두에게 햇빛을 비춰 주시고, 의로운 사람에게나 악한 사람 모두에게 비를 내리신다고 말씀합니다. 비록 하나님은 모든 사람을 다 선하게 대하시지만, 하나님을 사랑하고 의지하는 사람들을 더욱더 기뻐하십니다. 하나님 자신이 사랑이시기 때문에 우리가 하나님께 사랑을 받고 우리도 다른 사람을 사랑할 수 있습니다.

> "사랑하는 자들아 우리가 서로 사랑하자 사랑은 하나님께 속한 것이니 사랑하는 자마다 하나님으로부터 나서 하나님을 알고 사랑하지 아니하는 자는 하나님을 알지 못하나니 이는 하나님은 사랑이심이라"(요일 4:7-8)

5. 하나님은 불변하시는 하나님이십니다.

하나님은 절대로 변하지 않으시며 앞으로도 계속 변하시지 않습니다. 하나님은 그 본성과 성품이 항상 같으십니다. 하나님은 항상 거룩하십니다. 하나님은 항상 의로우십니다. 하나님은 항상 공평하십니다. 하나님은 항상 자비로우십니다. 하나님은 항상 신실하십니다. 하나님은 항상 선하십니다. 하나님은 항상 사랑이십니다. 현재의 하나님은 과거에도 그러하셨고, 앞으로도 그러하실 것입니다. 하나님은 절대로 변하지 않습니다. 하나님이 얼마나 위대한 분이시고, 얼마나 우리를 사랑하시는지를 살펴볼 때, 우리는 그분께 경배하고 싶은 마음이 우러날 것입니다. 하나님은 자신의 말씀인 성경을 통해서 자신을 경배하는 법을 가르쳐 주셨습니다(요 4:24).

6. 하나님은 죄가 전혀 없으시며 거룩하시고 빛이 되시는 분이십니다.

"너희는 거룩하라 나 여호와 너희 하나님이 거룩함이니라"(레 19:2)

하나님은 거룩하시고 죄가 없으시며 빛이 되시는 분이십니다. 성경 여러 곳에서 어둠은 죄를 뜻합니다. 성경은 하나님에 대하여 이렇게 말씀합니다.

"우리가 저에게서 듣고 너희에게 전하는 소식이 이것이니 곧 하나님은 빛이시라 그에게는 어두움이 조금도 없으시니라"(요일 1:5)

하나님은 온전히 영광스러운 분이십니다. 이것은 하나님은 거룩하시고 비할 데 없이 찬란하시다는 뜻입니다. 하나님은 완전하십니다. 하나님은 죄나 부정의 어떠한 오점도 없으십니다. 하나님은 거룩하시기에 죄를 미워하십니다. 사악한 것이나 죄악 된 것은 절대로 하나님께 가까이 갈 수 없습니다. 반도체를 생산하는 공장에서는 먼지가 들어가지 않도록 주의를 기울입니다. 반도체가 너무 세밀하기에 먼지가 들어가면 올바른 제품을 생산할 수 없기 때문입니다. 하물며 거룩하신 하나님 앞에 죄인이 똑바로 설 수 있을까요? 그러므로 인간은 하나님 앞에 자신의 죄인 됨을 시인해야 합니다.

7. 하나님은 공급하시는 분이십니다.

"또 무엇이 부족한 것처럼 사람의 손으로 섬김을 받으시는 것이 아니니 이는 만민에게 생명과 호흡과 만물을 친히 주시는 자이심이라"(행 17:25)

하나님은 우리에게 햇빛과 공기와 물과 생명과 건강과 가정과 자녀와 직장과 물질과 좋은 이웃을 주셨고 무엇보다도 예수 그리스도를 통해서 구원과 교회와 형제자매들과 장차 들어갈 영광스러운 하늘나라를 주십니다. 하나님이 공급자가 되신다면 우리가 공급자이신 하나님께 어떤 태도를 보여야 할까요? 우리의 태도는 감사로 반응하는 것입니다.

8. 하나님은 다스리시는 분이십니다.

하나님께서 다스리시는 분이시라면 다스림을 받는 우리의 태도는 순종으로 나타나야 합니다. 우리가 하나님께 순종할 때 축복은 우리의 것이 되지만 불순종한다면 하나님께 징계를 받습니다.

"너희가 즐겨 순종하면 땅의 아름다운 소산을 먹을 것이요 너희가 거절하여 배반하면 칼에 삼키우리라 여호와의 입의 말씀이니라"(사 1:19-20)

예수 그리스도

하나님의 아들 예수 그리스도는 우리를 구원하시기 위해서 오신 구원자이십니다. '예수'라는 이름은 그분이 태어나시기 전부터 정해져 있었는데 천사가 예수의 아버지 요셉에게 마태복음 1장 21절에서 "아들을 낳으리니 이름을 예수라 하라 이는 그가 자기 백성을 그들의 죄에서 구원할 자이심이라 하니라"라고 알려 주셨습니다.

그러므로 예수라는 이름의 뜻은 자기 백성을 죄에서 구원할 "구원자"라는 뜻입니다. 유대인들은 이 구원자를 '메시아'라고 불렀고, 헬라어로는 '그리스도'라고 불렀습니다. 그리고 '그리스도'라는 이름의 뜻은 '기름 부으심을 받은 자'라는 뜻입니다.

그러므로 예수 그리스도께서 자기 백성을 구원하기 위하여 오셨지만, 대부분 유대인은 그분을 믿지 않았습니다. 그래서 사도 요한은 요한복음 1장 11절에서 "자기 땅에 오매 자기 백성이 영접하지 아니하였으나"라고 말씀합니다. 그렇다면 예수 그리스도는 누구실까요?

1. 예수님은 무한하신 하나님이십니다.

예수님은 무한하신 하나님의 본체이시기에 하나님의 성품인 신성을 소유하신 분이십니다. 그래서 사도 바울은 빌립보서 2장 6절에서 "그는 근본 하나님의 본체시나"라고 말씀합니다. 그러므로 예수님은 전능하신 하나님으로서 우주 만물을 창조하시고, 죽은 자를 살리시고, 마귀 사탄을 이기시고, 바람과 바다를 잔잔하게 하셨고, 권세와 능력으로 더러운 귀신에게 명령하셨고, 능력으로 모든 병을 고치셨고, 죄를 사하는 권세를 가지고 계셨습니다. 그러므로 사도 바울은 골로새서 2장 9절에서 "그 안에는 신성의 모든 충만이 육체로 거하시고"라고 말씀합니다. 그러므로 예수님은 무한하신 하나님이십니다.

2. 예수님은 참된 인간이십니다.

예수님은 우리 인간과 하나님 사이에 중보자가 되기 위하여 무한하신 하나님이 인간의 몸을 입으시고 이 땅에 오셨습니다.
중보자는 양쪽 모두를 다 잘 알아야 합니다. 요한복음 1장 1절에 보면 그분은 태초에 말씀으로 성부 하나님과 함께 계셨습니다. 요한복음 1장 14

절에 보면 그 말씀이신 성자 하나님이 육신을 입으시고 우리 가운데 오셨습니다. 그분은 무한하신 하나님이 참된 인간이 되셨습니다. 그러므로 먹지 않으면 주리셨고(마 4:2), 육체로 오래 걸으시고 피곤하셨으며(요 4:6), 하루를 고되게 일하시고 주무셨습니다(막 4:38). 슬픔을 보면 인간이시기에 눈물을 흘리셨으며(요 11:35), 어린 시절 성장 과정을 거치셨고(눅 2:52), 그분은 출생지와 호적까지 있는 분이십니다(마 2:1).

그러므로 예수님이 참된 인간으로 이 세상에서 사셨기에 우리를 완전히 이해하시는 것입니다. 우리가 시험을 받을 때, 오해를 받을 때, 미움을 받을 때나 가난하거나 배고프거나 핍박을 당하는 것이 무엇인지 그분은 다 이해하십니다. 또한 그분이 무한하신 하나님이시기에 우리의 모든 문제를 해결하실 수 있으십니다. 예수님은 참된 인간이십니다.

3. 예수님은 우리를 위해 죽으셨습니다.

그러므로 우리의 죄 문제는 예수 그리스도를 통하여 해결할 수 있습니다.

"우리는 다 양 같아서 그릇 행하여 각기 제 길로 갔거늘 여호와께서는 우리 모두의 죄악을 그에게 담당시키셨도다"(사 53:6)

성부 하나님은 여기서 우리 죄를 예수님을 통하여 담당하게 하시므로 해결하셨다고 강조합니다. 예수님께서 십자가에 죽으심으로 하나님의 공의와 사랑이 완전히 충족되었습니다. 죄는 반드시 벌해야 합니다. 하나님께서는 자신의 아들을 보내서 우리가 받아 마땅한 사망의 형벌을 우리 대신 받게 하셨습니다. 베드로전서 3장 18절에서도 이렇게 말씀하십니다.

> "그리스도께서도 단번에 죄를 위하여 죽으사 의인으로서 불의한 자를 대신하셨으니 이는 우리를 하나님 앞으로 인도하려 하심이라 육체로는 죽임을 당하시고 영으로는 살리심을 받으셨으니"

죄가 없는 분이 의롭지 못한 우리를 대신하여 십자가에 죽으셨는데 이것이 바로 사랑입니다. 이유가 있다면 우리를 하나님 앞으로 인도하여 하나님과 사랑의 교제를 나누도록 그분이 돌아가신 것입니다. 고린도전서 15장 3절부터 4절은 이렇게 말씀하고 있습니다.

> "이는 성경대로 그리스도께서 우리 죄를 위하여 죽으시고 장사 지낸 바 되셨다가 성경대로 사흘 만에 다시 살아나사"

예수님께서는 우리의 죄 문제를 단번에 해결하시기 위해 자신의 피를 흘려주셨습니다.

> "이것은 죄 사함을 얻게 하려고 많은 사람을 위하여 흘리는 바 나의 피 곧 언약의 피니라"(마 26:28)

그분은 우리를 위해서 물과 피를 다 흘려주셨습니다.

> "그 중 한 군인이 창으로 옆구리를 찌르니 곧 피와 물이 나오더라"(요 19:34)

그분은 단번에 속죄를 이루어 주셨습니다.

"염소와 송아지의 피로 하지 아니하고 오직 자기의 피로 영원한 속죄를 이루사 단번에 성소에 들어가셨느니라"(히 9:12)

여기서 '단번에'라는 의미는 '영원토록 단 한 번'이라는 의미입니다. 예수님께서 자기 피로 영원토록 단번에 속죄를 이루어 주셨기 때문에 우리도 단번에 죄 용서함을 받을 수 있습니다. 단번에 구원을 얻을 수 있습니다. 그래서 히브리서의 기자는 구약의 짐승의 피도 어느 정도 효력이 있어 정결하게 하고 거룩하게 했는데 '예수 그리스도의 피가 성도들의 죄를 깨끗하게 해서 거룩한 하나님을 섬기지 못하게 하겠느냐'라고 반문합니다.

"염소와 황소의 피와 및 암송아지의 재를 부정한 자에게 뿌려 그 육체를 정결하게 하여 거룩하게 하거든 하물며 영원하신 성령으로 말미암아 흠 없는 자기를 하나님께 드린 그리스도의 피가 어찌 너희 양심을 죽은 행실에서 깨끗하게 하고 살아 계신 하나님을 섬기게 하지 못하겠느냐"(히 9:13-14)

우리는 짐승의 피가 아닌 예수 그리스도의 피로 우리의 죄를 용서받았습니다. 우리가 죄에서 구속된 것은 은이나 금 같은 어떤 물질적인 것, 있다가도 없어질 수 있는 것으로 구속된 것이 아니라 그리스도의 귀중한 보혈이 값으로 치러진 것입니다.

"너희가 알거니와 너희 조상이 물려 준 헛된 행실에서 대속함을 받은 것은 은이나 금 같이 없어질 것으로 된 것이 아니요 오직 흠 없고 점 없는 어린 양 같은 그리스도의 보배로운 피로 된 것이니라"(벧전 1:18-19)

예수님의 보혈은 우리를 모든 죄에서 깨끗하게 하실 수 있습니다.

"그 아들 예수의 피가 우리를 모든 죄에서 깨끗하게 하실 것이요"(요일 1:7)

여기서 핵심이 되는 말은 '모든'이라는 말씀입니다. 우리의 죄의 일부가 아니라 모든 죄가 용서되었습니다. 우리가 말한 거짓말이나, 지금까지 범했던 모든 더럽고 추잡한 행위, 위선이나, 탐욕적인 생각이 모두 예수 그리스도의 죽음과 보혈에 의해서 깨끗하게 되었습니다.

예수 그리스도의 손과 발로부터 죄를 깨끗하게 하는 피가 흘러내렸습니다. 그의 온몸도 피로 물들었습니다. 가시관 쓰신 이마에도 피가 흘러나왔습니다. 바로 그 피가 곧 하나님과 화목할 수 있는 유일한 소망이 되는 보혈입니다.

"그의 십자가의 피로 화평을 이루사 만물 곧 땅에 있는 것들이나 하늘에 있는 것들이 그로 말미암아 자기와 화목하게 되기를 기뻐하심이라"(골 1:20)

세계는 예수 그리스도의 십자가에서 평화를 발견하기 전까지 결코 세계 평화를 이룩하지 못할 것입니다.

우리가 예수 그리스도의 십자가 밑에 나아가 믿음으로 그리스도를 만나기 전에는, 하나님과의 평화도, 양심의 평화도, 마음의 평화도, 영혼의 평화도 누릴 수 없습니다.
예수 그리스도의 피가 얼마나 위대한 보혈입니까?

4. 예수님은 죽음을 이기고 부활하셨고, 승천하셨고, 다시 오십니다.

예수님은 아버지의 영광으로 죽음을 이기시고 부활하셨고 영화롭게 되셨습니다.

> "이는 아버지의 영광으로 말미암아 그리스도를 죽은 자 가운데서 살리심과 같이, 아브라함과 이삭과 야곱의 하나님 곧 우리 조상의 하나님이 그의 종 예수를 영화롭게 하셨느니라"(롬 6:4, 행 3:13)

예수님은 영광 가운데서 하늘나라로 승천하셔서 하나님 우편에서 우리를 위해 중보하십니다.

> "크도다 경건의 비밀이여, 그렇지 않다 하는 이 없도다 그는 육신으로 나타난 바 되시고 영으로 의롭다 하심을 받으시고 천사들에게 보이시고 만국에서 전파되시고 세상에서 믿은 바 되시고 영광 가운데서 올려지셨느니라, 누가 정죄하리요 죽으실 뿐 아니라 다시 살아나신 이는 그리스도 예수시니 그는 하나님 우편에 계신 자요 우리를 위하여 간구하시는 자시니라"(딤전 3:16, 롬 8:34)

예수님은 큰 영광 가운데 이 땅에 다시 재림하십니다.

> "그 때에 인자의 징조가 하늘에서 보이겠고 그 때에 땅의 모든 족속들이 통곡하며 그들이 인자가 구름을 타고 능력과 큰 영광으로 오는 것을 보리라 그가 큰 나팔소리와 함께 천사들을 보내리니 그들이 그의 택하신 자들을 하늘 이 끝에서 저 끝까지 사방에서 모으리라, 인자가 자기 영광으로 모든 천사와 함께 올 때에 자기 영광의 보좌에 앉으리니"(마 24:30-31, 25:31)

예수님이 다시 오시면 우리의 구원이 완성되어 우리도 예수님 때문에 부활하여 하나님의 영광을 입고 영화롭게 됩니다. 시편 기자는 분명하게 선포합니다.

> "주의 교훈으로 나를 인도하시고 후에는 영광으로 나를 영접하시리니"(시 73:24)

그러므로 우리는 앞으로 나타날 영광을 바라보고 현재의 어려움을 참고 이기는 것입니다.

> "생각하건대 현재의 고난은 장차 우리에게 나타날 영광과 비교할 수 없도다, 우리가 잠시 받는 환난의 경한 것이 지극히 크고 영원한 영광의 중한 것을 우리에게 이루게 함이니"(롬 8:18, 고후 4:17)

그러므로 예수 그리스도는 무한하신 하나님이시고, 참된 인간이시며, 그분이 우리를 위해 십자가에서 죽으셨다가 부활하셨고, 승천하셨고, 우리를 위해 다시오십니다.

예수님은 당신에게 어떤 분이십니까?

성령

성령은 삼위일체 중 한 분으로서 성부와 성자와 동일한 성품을 가진 하나님과 동등한 분이시며, 천지를 창조할 때 활동하셨습니다. 믿지 않는 세상에 대해서는 하나님의 목적이 이루어질 때까지 악을 제어하시며, 죄와 심판과 의를 깨닫게 하시며, 복음을 전할 때나 간증할 때 복음이 진리라는 것을 증거 하시며, 우리가 거듭나도록 역사하시는 분이십니다. 성령은 그리스도인을 인치심으로 보증하여 주시며, 증거 하시며, 가르쳐주시며, 성결하게 하시며, 도와주시는 분이십니다.

그렇다면 성령님은 우리를 위하여 무엇을 하실까요?

1. 성령은 하나님의 자녀들을 보증하고 인치십니다.

우리가 예수 그리스도를 구주와 삶의 주인으로 모시면, 성령님이 우리의 마음에 들어와 영원히 거하십니다.

> "하나님의 성령을 근심하게 하지 말라 그 안에서 너희가 구원의 날까지 인치심을 받았느니라, 그 안에서 너희도 진리의 말씀 곧 너희의 구원의 복음을 듣고 그 안에서 또한 믿어 약속의 성령으로 인치심을 받았으니 이는 우리 기업의 보증이 되사 그 얻으신 것을 속량하시고 그의 영광을 찬송하게 하려 하심이라"(엡 1:13-14, 4:30)

여기서 우리가 성령으로 인치심을 받았다는 것은 우리가 구원의 복음을 듣고 믿을 때 우리에게 구원이 확실하게 이루어졌다는 증거로 성령이 우리 마음에 들어오시는 것을 말합니다. 이것을 '성령 침례'라고 부르기도 합니다. 그래서 예수님께서도 요한복음 7장 39절에서 "예수를 믿는 사람들이 받을 성령"이라고 말씀하셨습니다.

2. 성령은 하나님의 자녀를 인도하십니다.

사도 바울은 로마서 8장 14절에서 "무릇 하나님의 영으로 인도함을 받는 사람은 곧 하나님의 아들이라"라고 말씀합니다. 성령은 그리스도인의 발걸음을 인도하시는 내적인 음성입니다. 그러므로 그분이 우리를 인도하시지 않는다면 우리는 이 세상에서 금방 길을 잃어버리게 됩니다. 아주 어둡고 어려운 세상을 살아갈 것입니다. 그러므로 성령은 사건을 통해서, 환경을 통해서, 하나님의 말씀을 통해서 우리 그리스도인을 인도하십니다. 아주 작은 고요하고 세미한 음성을 통해서 우리를 인도하시기도 합니다. 처음에는 그 인도함이 아주 분명하지 않을 수도 있지만, 그 인도함은 빛 가운데로 가물가물 비쳐 나오게 될 것입니다. 우리는 그 인도함이 완전히 분명하게 될 때까지 기다려야 합니다(프레드릭 마이어).

3. 성령은 하나님의 자녀를 도와주십니다.

성령은 우리 그리스도인들이 하나님 아버지를 알아감으로써 하나님에 대한 사랑과 기쁨이 가득 차게 하십니다. 하나님 아버지에 대한 자녀로서의 자유를 가지고 아버지께 나오게 하십니다. 성령은 우리 그리스도인의 연약함을 도와주십니다. 우리는 마땅히 기도할 바를 알지 못하나 오직 성령이 말할 수 없는 탄식으로 우리를 위해 친히 기도해 주십니다(롬 8:26). 우리가 기도할 때 성령이 우리를 돕고 계신다는 사실을 더 많이 느낄 수 있습니다. 우리는 때때로 무엇을 위해서 기도해야 할지 모릅니다. 우리는 우리가 취해야 할 가장 좋은 입장을 알지 못합니다. 하지만 성령이 우리의 연약함을 도와주십니다. 성령은 우리가 하나님 아버지께 구하도록 도와주시고 끈기 있게 기도하게 도와주십니다.

성령은 때때로 우리 그리스도인을 치유해 주시기도 합니다. 성령님은 보혜사로서 우리를 위로해 주시고, 격려해 주시고, 힘을 주시고, 상담해 주시고, 치유해 주십니다. 그분은 우리에게 모든 것을 가르쳐 주시고 예수님께서 우리에게 말한 모든 것을 생각나게 하십니다(요 14:26). 성령은 우리를 치유하여 우리의 마음을 온유하게 하시며, 우리에게 진리가 무엇인지 보여주시고, 우리에게 하나님의 일을 하고 싶은 참된 동기를 주시며, 우리에게 해야 할 말을 가르쳐 주십니다. 그러므로 성령은 우리 그리스도인들을 도와주십니다.

4. 성령은 우리 그리스도인에게 성령의 충만함을 받게 하십니다.

우리 그리스도인이 승리할 수 있는 비결은 성령의 충만함을 받는 것에 있습니다.

> "술 취하지 말라 이는 방탕한 것이니 오직 성령으로 충만함을 받으라"(엡 5:18)

성령의 충만은 우리가 성령을 더 많이 소유하는 것이 아니라 성령이 우리를 더 많이 소유하는 것입니다. 성령 하나님께서 우리의 삶을 지배하는 것입니다. 그러므로 우리도 예수님처럼 성령의 충만함을 받고 성령의 능력으로 살아야 합니다. 우리는 성령의 시대에 살고 있습니다. 하나님 아버지의 약속은 우리 그리스도인에게 이미 이루어졌기 때문에 우리가 구원받은 그리스도인이라면 성령님은 이미 우리 안에서 역사하십니다. 바로 예수님께서 우리에게 성령님을 보내 주셨습니다. 그러므로 우리도 성령의 충만함을 받고 성령의 능력으로 살아야 합니다.

구약에서도 성령의 역할은 분명했습니다. 구약에서 왕과 선지자와 제사장들은 그들이 기름 부음을 받을 때 성령님이 임하시어 놀랍게 사역을 감당했습니다. 기드온도 성령님이 임하시자 놀랍게 쓰임 받았습니다.

> "여호와의 영이 기드온에게 임하시니 기드온이 나팔을 불매 아비에셀이 그의 뒤를 따라 부름을 받으니라"(삿 6:34)

입다도 성령님이 임하시자 놀랍게 쓰임 받았습니다.

> "이에 여호와의 영이 입다에게 임하시니 입다가 길르앗과 므낫세를 지나서 길르앗의 미스베에 이르고 길르앗의 미스베에서부터 암몬 자손에게로 나아갈 때에"(삿 11:29)

삼손도 성령님이 임하시자 놀랍게 쓰임 받았습니다.

> "그 여인이 아들을 낳으매 그의 이름을 삼손이라 하니라 그 아이가 자라매 여호와께서 그에게 복을 주시더니 소라와 에스다올 사이 마하네단에서 여호와의 영이 그를 움직이기 시작하셨더라, 여호와의 영이 삼손에게 강하게 임하니 그가 손에 아무것도 없이 그 사자를 염소 새끼를 찢는 것 같이 찢었으나 그는 자기가 행한 일을 부모에게 알리지 아니하였더라"(삿 13:24-25, 14:6)

다윗 왕도 성령님이 임하시자 놀랍게 쓰임 받았습니다.

> "사무엘이 기름 뿔병을 가져다가 그의 형제 중에서 그에게 부었더니 이 날 이후로 다윗이 여호와의 영에게 크게 감동되니라 사무엘이 떠나서 라마로 가니라"(삼상 16:13)

아사랴도 성령님이 임하시자 놀랍게 쓰임 받았습니다.

> "하나님의 영이 오뎃의 아들 아사랴에게 임하시매"(대하 15:1)

야하시엘도 성령님이 임하시자 놀랍게 쓰임 받았습니다.

"여호와의 영이 회중 가운데에서 레위 사람 야하시엘에게 임하셨으니 그는 아삽 자손 맛다냐의 현손이요 여이엘의 증손이요 브나야의 손자요 스가랴의 아들이더라"(대하 20:14)

스가랴도 성령님이 임하시자 놀랍게 쓰임 받았습니다.

"이에 하나님의 영이 제사장 여호야다의 아들 스가랴를 감동시키시매 그가 백성 앞에 높이 서서 그들에게 이르되 하나님이 이같이 말씀하시기를 너희가 어찌하여 여호와의 명령을 거역하여 스스로 형통하지 못하게 하느냐 하셨나니 너희가 여호와를 버렸으므로 여호와께서도 너희를 버리셨느니라 하나"(대하 24:20)

그러므로 그리스도인은 성령으로 충만해야 승리할 수 있습니다. 하나님의 말씀은 "그가 내게 대답하여 이르되 여호와께서 스룹바벨에게 하신 말씀이 이러하니라 만군의 여호와께서 말씀하시되 이는 힘으로 되지 아니하며 능력으로 되지 아니하고 오직 나의 영으로 되느니라"(슥 4:6)라고 말씀합니다.

사도 바울은 고린도후서 1장 21절과 22절에서 "우리를 너희와 함께 그리스도 안에서 굳건하게 하시고 우리에게 기름을 부으신 이는 하나님이시니 그가 또한 우리에게 인치시고 보증으로 우리 마음에 성령을 주셨느니라"라고 말씀합니다. 사도 요한은 요한일서 2장 27절에서 "너희는 주께 받은 바 기름 부음이 너희 안에 거하나니 아무도 너희를 가르칠 필요가 없고 오직 그의 기름 부음이 모든 것을 너희에게 가르치며 또 참되고 거짓이 없으니 너희를 가르치신 그대로 주 안에 거하라"라고 말씀합니다. 그러므로 우리가 구원을 받았다면 하나님의 성령님은 이미 와 계십니다. 이제 우리는 성령님의 역사를 기대하고 성령의 충만함을 사모해야 합니다.

5. 성령은 우리 그리스도인에게 주신 최고의 선물입니다.

예수님은 성령을 통해서 생명의 온갖 근원과 비밀을 우리에게 물려주셨습니다. 예수 생명의 여러 특질인 사랑과 기쁨과 평안을 성령을 통해서 우리 안에 재현하십니다. 성령은 예수 그리스도의 영광을 나타내십니다. 우리는 성령의 충만함을 받는 목적을 정확하게 알아야 합니다. 그리고 성령의 충만함을 위해서 간구해야 합니다. 우리도 성령의 충만함을 받으면 예수님처럼 포로 된 자들을 자유롭게 할 수 있습니다. 예수님께서 십자가에서 이미 마귀 사탄을 패배시켰기 때문에 그것을 모르고 사탄에게 포로로 잡혀있는 사람들에게 자유를 선포해야 합니다. 이미 예수님께서 이 세상의 모든 사람을 사탄의 권세로부터 건져내셨기 때문에 우리는 성령의 충만함을 받고 나가서 구원의 기쁜 소식을 전파하며 마귀 사탄에게 매여있는 사람들을 복음으로 자유롭게 해야 합니다.

우리가 성령의 충만함을 받고 나가서 복음을 전파하면 그들은 자유를 얻게 되고 해방을 경험하고 행복을 누릴 수 있습니다.

그러므로 우리는 성령의 충만함을 받고 가난한 자에게 복음을 전파하고, 포로 된 자를 자유롭게 하고, 눈먼 자를 다시 보게 하고, 눌린 자를 자유롭게 하고, 주의 은혜의 해를 전파하여 참된 해방과 자유를 선포해야 합니다. 그러므로 우리는 성령의 충만함을 받아야 합니다.

6. 성령은 그리스도인들에게 성령의 열매를 맺게 하십니다.

성령은 그리스도인들이 성령의 능력으로 살아갈 때 성령의 열매를 맺게 하십니다. 성령의 열매는 예수님의 성품이며, 그리스도인들이 다른 사람과의 관계에서 나타나는 성품들입니다.

> "오직 성령의 열매는 사랑과 희락과 화평과 오래 참음과 자비와 양선과 충성과 온유와 절제니 이같은 것을 금지할 법이 없느니라"(갈 5:22-23)

찰스 스탠리는 성령의 열매에 대해 이렇게 말합니다.
"성령의 열매는 우리가 가진 것 중 가장 효과적인 전도의 도구입니다. 사랑, 희락, 화평, 오래 참음, 자비, 양선, 충성, 온유, 절제로 묘사될 수 있는 삶, 그것보다 더 강력한 전도의 도구는 없습니다. 제아무리 뛰어난 설교도 그 위력에 있어서는 성령의 열매로 가득 차 있는 삶을 당해 내지 못합니다. 왜 그럴까요? 그것은 우리가 믿고 전파하는 진리, 그 자체보다는 우리의 행실, 특히 고난 중에 나타나는 우리의 행실이 믿지 않는 이들에게 더 강력한 인상을 심어주기 때문입니다. 사도 베드로는 베드로전서 2장 13절부터 15절에서 그런 삶이 비평가들의 말을 막는다고 말합니다. '인간의 모든 제도를 주를 위하여 순종하되 혹은 위에 있는 왕이나 혹은 그가 악행하는 자를 징벌하고 선행하는 자를 포상하기 위하여 보낸 총독에게 하라 곧 선행으로 어리석은 사람들의 무식한 말을 막으시는 것이라' 성령의 열매를 맺고 있는 삶은 사람들의 눈에 띄지 않을 수 없습니다. 그런 삶은 어두운 방에 켜있는 촛불과도 같아서 주위에 관심을 끄는 것입니다."

7. 성령은 우리 그리스도인에게 은사를 주십니다.

> "각 사람에게 성령을 나타내심은 유익하게 하려 하심이라, 이 모든 일은 같은 한 성령이 행하사 그의 뜻대로 각 사람에게 나누어 주시는 것이니라, 각각 은사를 받은 대로 하나님의 여러 가지 은혜를 맡은 선한 청지기 같이 서로 봉사하라"(고전 12:7, 11, 벧전 4:10)

성경에 나타난 성령이 주시는 참된 은사를 우리는 당연히 환영하고 인정해야 합니다. 우리 각 사람이 의미 있는 봉사를 하도록 성령 하나님께서 은사를 주시기 때문입니다.

성령 은사의 종류는 행정관리를 위한 다스림의 은사와 목사 직분의 은사와 기술과 기능을 위한 재주의 은사와 창의적 의사전달을 위한 예능의 은사와 분별력을 위한 은사와 권위를 나타내는 은사와 전도의 은사와 믿음의 은사와 구제의 은사와 돕는 은사와 대접하는 은사와 중보기도의 은사와 지식의 은사와 지도력의 은사와 긍휼의 은사와 가르침의 은사와 지혜의 은사가 있습니다.

우리는 성령이 주는 은사로 사랑이 없는 의무감으로 하는 봉사가 아니라 사랑으로 하는 봉사인 섬김의 정신으로 하나님과 모든 그리스도인과 불신자까지도 사랑으로 섬겨야 합니다.

교회

우리가 구원을 받으면 예수 그리스도의 몸인 교회의 지체가 됩니다. 우리는 교회의 지체로서 자신의 역할을 잘 감당하기 위하여 교회 생활을 잘해야 합니다. 참된 교회는 예배당 건물이 아니라 세상에서 하나님으로부터 부름을 받은 구원을 받은 그리스도인의 모임입니다. 그러므로 사도 바울은 고린도전서 12장 14절부터 27절에서 교회를 사람의 몸에 비유하여 설명하며 "너희는 그리스도의 몸이요"라고 아주 명확하게 말합니다. 그러므로 모든 그리스도인은 교회의 지체로서 서로 다른 역할을 감당하며(14-20절), 어느 지체도 홀로 기능하지 않으며(21절), 각 지체는 모든 지체를 도와서 공헌하며(22-24절), 올바르게 기능하는 몸은 연합하여 한 몸으로 움직입니다.

1. 교회란 무엇일까요?

맥다니엘(George W. Mcdaniel) 박사는 교회에 대하여 다음과 같이 정의하였습니다.

"지위와 특권이 동등한 침례 받은 신자들로 이루어진 조직화된 모임으로서 그리스도의 머리되심 아래 모든 일들을 치리하며, 그리스도께서 가르치신 신앙 안에서 하나로 연합하며, 그가 명령하신 바를 수행하기로 함께 서약하며, 몸의 지체들이 서로 조화를 이루듯이 하나님 나라의 운동에 참여하여 다른 지체들과 협력하는 지역교회입니다."(The Churches of the New Testament, p. 23).

예수 그리스도께서 세우신 교회는 복음을 가르치고 전도함으로 영혼을 그리스도께로 인도하는 지역교회입니다. 또한 교회는 구원받은 영혼이 은혜 안에서 말씀으로 자라가도록 도와서 그들이 더욱 성숙한 성도가 되도록 인도합니다. 그들이 세상에 나아가 또 다른 영혼을 예수님께로 이끌도록 돕습니다.

2. 교회는 가장 큰 사명을 가졌습니다.

교회는 세계역사에서 어떤 개인이나 어떤 그룹에게 부과된 일이 없는 가장 큰 사명이 주어졌습니다. 그 사명은 구세주이신 예수 그리스도의 영광스러운 복음을 모든 민족에게 전하는 것입니다. 사도 바울은 자신의 사명을 소개하면서 사도행전 20장 24절에서 사명이란 목숨을 바쳐서라도 이룩할 과업이라고 말합니다.

> "내가 달려갈 길과 주 예수께 받은 사명 곧 하나님의 은혜의 복음을 증언하는 일을 마치려 함에는 나의 생명조차 조금도 귀한 것으로 여기지 아니하노라"

따라서 교회는 이 세상에서 하나님 아버지의 구속 목적을 이루어 나가는 사역을 그리스도와 함께 담당하는 기관입니다. 이 사명을 수행하고 있는 교회는 지금까지 조직된 그 어떤 정부보다도, 지금까지 설립된 다른 모든 기관보다도, 지금까지 소집된 모든 군대보다도 세상을 위해서 더 많은 일을 해 왔습니다. 세계역사는 교회를 통해서 일하시는 그리스도의 사역을 통하여 변화되었습니다. 이 사명을 효과적으로 완수하려면 제자훈련이 필요합니다. 제자훈련을 통하여 예수 그리스도의 제자가 만들어지며 계속해서 재생산이 이루어져야 합니다.

> "그러므로 너희는 가서 모든 민족을 제자로 삼아 아버지와 아들과 성령의 이름으로 침례를 베풀고 내가 너희에게 분부한 모든 것을 가르쳐 지키게 하라 볼지어다 내가 세상 끝날까지 너희와 항상 함께 있으리라 하시니라"(마 28:19-20)

여기에 발견되는 교회의 참 사명은 세 가지로 정리할 수 있습니다. 첫째는 그리스도인 개개인을 제자로 삼는 것이요, 둘째는 교회를 세우는 것이요, 셋째는 하나님의 명하신 대로 가르치고 그가 명하신 것을 지키게 하는 것입니다.

3. 교회는 밖으로 불러낸 한 몸입니다.

교회라는 단어는 헬라어 에클레시아(ecclesia)에서 온 말로서 조직된 집합체이며 불러낸 무리를 뜻합니다. 그러나 이 단어는 교회에만 전적으로 사용되는 것은 아닙니다. 이스라엘도 여러 민족과 나라에서 불러낸 집합체입니다. 그래서 이스라엘을 사도행전 7장 38절에서 광야교회로 소개합니다.

"시내 산에서 말하던 그 천사와 우리 조상들과 함께 광야교회에 있었고 또 살아 있는 말씀을 받아 우리에게 주던 자가 이 사람이라"

그러므로 교회란 하나의 교회로 함께 모인 예배자들의 모임입니다. 교회의 시대적 목적은 세상을 변화시키는 것보다 세상에서 교회를 불러 모으는 것입니다. 이스라엘도 불러낸 몸이었지만 그것은 전적으로 아브라함의 후손들로 구성된 민족의 몸이지만, 교회는 어떤 한 나라의 백성으로 이루어져 있지 않기 때문에 민족의 몸도 아니고 모든 나라와 족속과 백성과 방언으로부터 개개인을 불러 모아 한 몸으로 이루어져 있습니다.

4. 교회는 그리스도의 몸입니다.

교회는 많은 지체를 가진 그리스도의 살아있는 몸입니다. 교회는 그리스도가 머리로 계시는 살아있는 몸이며, 몸의 각 부분은 그리스도께 연결되어 있고, 또 서로 연결되어 있습니다. 교회란 무슨 건물이나 조직이 아니라 살아있는 몸 안에 세워진 사람들입니다.

언제든지 하나님께서 교회에 함께 하실 때, 그분은 교회를 통해서 세상과 소통하십니다. 하나님께서는 교회의 그리스도인들을 통해서 세상과 만나시는 것입니다. 우리는 고린도전서 12장 12절과 13절에서 그리스도의 몸이 어떻게 이루어져 있는가를 볼 수 있습니다.

> "몸은 하나인데 많은 지체가 있고 몸의 지체가 많으나 한 몸임과 같이 그리스도도 그러하니라 우리가 유대인이나 헬라인이나 종이나 자유인이나 다 한 성령으로 침례를 받아 한 몸이 되었고 또 다 한 성령을 마시게 하셨느니라"

우리를 그리스도의 몸 안으로 통합시키는 것은 성령 침례입니다. 그러므로 교회는 유대인과 헬라인, 종과 자유인, 즉 누구나 한 성령을 통해서 한 몸이 됩니다. 교회는 무엇보다도 한 몸입니다. 사도 바울은 여기서 '한 성령으로 침례를 받아 한 몸이 되었다'라고 강조합니다. 그리고 27절에서 '너희는 그리스도의 몸'이라고 말하며, 로마서 12장 5절에서 "이와 같이 우리 많은 사람이 그리스도 안에서 한 몸이 되어 서로 지체가 되었느니라"라고 강조합니다. 교회는 떼려야 뗄 수 없는 한 몸이기 때문에 몸은 많은 지체와 함께 연합해서 행동해야 합니다. 교회의 지체들은 서로서로 특수한 관계에 놓여 있습니다. 그리스도께서 그분의 뜻대로 지체를 각각 몸에 두셨습니다. 모든 지체는 서로서로 의지하며, 모든 지체는 서로를 필요로 하기에 모든 지체는 서로서로 존중해야 합니다. 교회가 살아있는 지체들로 이루어진 몸이라고 할 때 그것은 조직이 아니라 살아 움직이는 몸입니다. 조직이란 한 건물의 문과 창문과 지붕과 마루 등과 같이 여러 개체로 이루어져 있고, 그것들은 그 건물에 아무 손상을 주지 않고 새것들로 바꾸어 낄 수도 있으나 인간의 몸은 살아있는 유기체이기에 우리의 몸에서 눈이나 귀, 팔, 발, 아니면 손가락이나 그 어떤 것 하나라도 떼어내면 불구가 됩니다. 그러므로 그리스도의 몸인 교회는 결코 죽지 않습니다. 산머리에 죽은 몸이 붙어 있을 수 없는 이유는 교회의 머리가 되시는 예수 그리스도는 영원히 살아 계시기 때문입니다.

> "곧 살아 있는 자라 내가 전에 죽었었노라 볼지어다 이제 세세토록 살아 있어 사망과 음부의 열쇠를 가졌노니"(계 1:18)

교회의 가장 큰 목표는 교회에 속해 있는 각 지체가 예수 그리스도와 동행함으로 세상 사람들이 교회의 각 지체의 증거를 통해서 하나님을 알게 하는 것입니다. 이제 교회의 지체인 우리는 삶을 통하여 하나님의 모든 아름다움과 존귀함을 세상 사람들에게 나타내야 합니다.

5. 교회에서 그리스도인의 역할이 있습니다.

교회의 가장 중요한 우선순위는 그리스도인을 온전하게 하는 것입니다.

> "그가 어떤 사람은 사도로, 어떤 사람은 선지자로, 어떤 사람은 복음 전하는 자로, 어떤 사람은 목사와 교사로 삼으셨으니 이는 성도를 온전하게 하여 봉사의 일을 하게 하며 그리스도의 몸을 세우려 하심이라 우리가 다 하나님의

아들을 믿는 것과 아는 일에 하나가 되어 온전한 사람을 이루어 그리스도의 장성한 분량이 충만한 데까지 이르리니 이는 우리가 이제부터 어린 아이가 되지 아니하여 사람의 속임수와 간사한 유혹에 빠져 온갖 교훈의 풍조에 밀려 요동하지 않게 하려 함이라 오직 사랑 안에서 참된 것을 하여 범사에 그에게까지 자랄지라 그는 머리니 곧 그리스도라 그에게서 온 몸이 각 마디를 통하여 도움을 받음으로 연결되고 결합되어 각 지체의 분량대로 역사하여 그 몸을 자라게 하며 사랑 안에서 스스로 세우느니라"(엡 4:11-16)

우리 그리스도인은 에베소서 4장 12절에 요약된 대로 일반적인 세 단계를 거치며 성장합니다.

1) 성도로서 온전하게 되기 위하여 열심히 배워야 합니다.

그리스도인의 첫 번째 우선순위는 하나님께서 원하시는 사람이 되기 위하여 하나님 말씀의 교훈에 순종하는 것입니다(마 11:28-30).

2) 성도로서 주님의 사역에 동참해야 합니다.

때가 되면 교회에서 이미 행해지고 있는 사역을 시작하여 다른 사역을 맡아 감당할 수 있도록 성장하게 될 것입니다(마 4:19, 약 1:22-25).

3) 그리스도의 몸인 하나님의 교회를 세워나가는 일에 헌신해야 합니다.

우리가 계속 성장함에 따라, 자신이 받았던 것과 같은 방식으로 다른 사람들을 섬기기 시작할 수 있는 데까지 도달해야 합니다(딤후 2:2). 그러나 이 성장 과정에는 시간이 필요하기에 인내해야 합니다. 하나님께서 세우신 기관인 교회에 충성된 자로 계속 머물러 있어야 합니다.

당신은 하나님이 세우신 교회가 얼마나 소중하며 교회의 사명이 얼마나 위대한가를 깨달았습니까?

교회 생활

교회 생활은 먼저 그리스도의 몸인 교회의 회원이 되어야 합니다. 그러나 교회 회원은 아무나 될 수 없습니다.

1. 교회 회원의 자격은 무엇일까요?

교회 회원이 되려면 먼저 예수 그리스도의 복음을 듣고 믿음으로 구원을 받아야 합니다. 그리고 구원을 받은 그리스도인은 마태복음 28장 19절과 20절에 나와 있는 예수 그리스도의 명령에 따라 첫 번째 순종인 침례를 받아야 합니다.

"그러므로 너희는 가서 모든 민족을 제자로 삼아 아버지와 아들과 성령의 이름으로 세례(침례)를 베풀고 내가 너희에게 분부한 모든 것을 가르쳐 지키게 하라 볼지어다 내가 세상 끝날까지 너희와 항상 함께 있으리라 하시니라"

그러므로 침례는 그리스도인의 섬김과 영적 성장에 필수 요건입니다. 여기 이 말씀은 침례가 필수 요건임을 증명하고 있습니다. 침례는 지상명령의 한 요소이며, 가르침에 앞서 행해져야 합니다. 누구든지 예수 그리스도를 따르는 삶으로 제자의 삶을 배우려면 먼저 첫 순종인 침례에 순종해야 합니다. 만일 어떤 사람이 첫 단계에서부터 주님께 순종하기를 거부한다면, 그는 다음 단계에서도 순종하지 않을 것이기 때문입니다(마 3:13-15).

그러면 어디에서 침례를 받아야 할까요? 침례는 자신이 예수 그리스도를 믿는 신앙의 공적인 고백이기 때문에, 대부분 교회 앞에서 공적으로 행해집니다. 많은 경우에 사람들은 시내 혹은 강에서 침례를 받기도 하는데 예수님께서도 요단강에서 침례를 받으셨습니다. 사실상 침례를 받는 장소가 중요한 것은 아니고 자신이 주 예수 그리스도와 연합되었다는 공적인 간증의 행위가 제일 중요합니다. 예수 그리스도의 복음으로 분명하게 구원을 받고 침례에 순종했다면 이제 교회 회원이 되기 위하여 교회 회원 카드에 인적 사항을 기록하고 정식으로 가입하여 교회 회원이 됩니다. 그렇다면 교회 회원의 임무는 무엇일까요?

2. 교회 회원은 모든 예배에 참여합니다.

우리가 교회 회원이 되었으면 이제부터 교회에서 이루어지는 모든 예배에 참석해야 합니다. 우리는 일주일의 첫날인 주일에 교회 예배당에서 모여 예배를 드립니다. 구약시대에서는 유대인들이 제7일째인 토요일에 모여 예배를 드렸지만, 신약성경에서는 우리 그리스도인들은 매일매일을 거룩한 날로 중시하며, 일주일의 첫날인 일요일에 모이는 이유는 예수 그리스도께서 십자가에서 죽은 다음에 주의 날인 일요일에 부활하셨기 때문입니다.

3. 교회 회원은 헌금을 드려야 합니다.

우리가 교회 회원이 되었으면 하나님의 뜻에 따라 헌금을 드리는 생활을 해야 합니다. 우리는 헌금이 무엇이며 이 분야에서 우리의 책임이 무엇인지 알아야 합니다. 성경은 그리스도인의 헌금하는 생활에 대해 분명하게 말씀하시며, 많은 지면을 통해 가르치고 있습니다. 우리가 헌금을 하나님께 드리면 그 물질에 대한 권한은 우리에게서 떠나게 됩니다. 우리가 헌금을 하나님께 드렸으니 하나님이 인정하는 기관인 교회에서 하나님의 뜻에 따라 물질을 사용하게 됩니다. 헌금은 하나님께 자원하는 마음으로 드려야 합니다.

> "각각 그 마음에 정한 대로 할 것이요 인색함으로나 억지로 하지 말지니 하나님은 즐겨 내는 자를 사랑하시느니라"(고후 9:7)

우리가 만일 인색함으로나 억지로 하나님께 헌금을 드린다면 하나님의 인격을 무시하는 것입니다. 그러므로 우리가 자원해서 드리는 것은 하나님을 인격적으로 대우해 드리는 것이며, 하나님이 먼저 우리를 인격적으로 대우해 주셨기 때문에 그분은 우리에게서 인격적인 대우를 받으셔야 하기 때문입니다. 우리는 다른 사람이 헌금을 어떻게 드리는지 상관하지 말고 하나님이 우리 각 사람에게 축복하신 양에 따라 드리면 됩니다. 하나님께 물질을 드리는 사람은 자기 자신을 하나님께 드리는 것입니다. 물질은 우리의 시간과 재능과 정력의 열매이기 때문입니다.

우리는 사도 바울의 권면에 따라서 수입 중에 몇 %를 드릴 것인지 마음에 정해야 합니다. 하나님께서는 우리가 드리는 헌금의 양을 판단하지 않으시고 우리의 수입 중에서 몇 %를 드렸는지를 보십니다. 그러므로 우리의 수입 중에 하나님께 몇 %를 드릴 것인가를 계획하고 정하는 것이 중요합니다.

4. 교회 회원은 교회 사역에 동참해야 합니다.

우리가 교회 회원이 되었으면 교회에서 이루어지는 사역과 예수 그리스도의 지상명령인 복음 전도사역에 동참해야 합니다.

> "각각 은사를 받은 대로 하나님의 여러 가지 은혜를 맡은 선한 청지기 같이 서로 봉사하라"(벧전 4:10)

교회의 사명은 세상의 있는 모든 사람에게 복음을 전하는 일입니다. 그러므로 모든 그리스도인은 이 일을 감당하기 위해 동참해야 합니다. 우리는 예수 그리스도의 몸인 교회의 지체로서 함께 일해야 합니다. 혼자서는 효과적으로 복음을 전할 수 없기 때문입니다. 그러므로 예수 그리스도의 몸인 교회가 모임을 가질 때나 어떤 프로그램을 진행할 때 우리 각자가 참여해야 합니다. 이것은 교회 회원인 우리 그리스도인의 책임인 동시에 위대한 특권이기 때문입니다.

5. 교회 회원은 하나님의 말씀대로 살아야 합니다.

우리가 교회 회원이 되었으면 하나님 말씀에 따라 살아야 합니다.

1) 우리는 하나님의 말씀을 깨닫게 해달라고 기도해야 합니다.

우리는 이러한 기도를 시편 119편에서 발견할 수 있습니다.

> "내 눈을 열어서 주의 율법에서 놀라운 것을 보게 하소서, 내가 나의 행위를 아뢰매 주께서 내게 응답하셨사오니 주의 율례들을 내게 가르치소서 나에게 주의 법도들의 길을 깨닫게 하여 주소서 그리하시면 내가 주의 기이한 일들을 작은 소리로 읊조리리이다"(시 119:18, 26-27)

우리는 하나님의 말씀을 대할 때마다 시편의 시인처럼 기도해야 합니다.

> "하나님, 진정 종의 눈을 열어서 당신의 말씀 속에 들어있는 귀한 진리들을 발견하게 하옵소서. 진정 그 말씀으로 살아가게 하옵소서. 마치 광부가 금맥을 찾듯이 당신의 말씀 속에서 놀라운 진리들을 깨닫게 하소서. 깨달은 말씀을 생활 가운데 실천하고 싶습니다. 하나님께 영광을 돌리고 싶습니다. 그러

니 진정으로 말씀을 깨닫게 하소서"

2) 우리는 성경 말씀을 사모하고 사랑해야 합니다.

"주의 규례들을 항상 사모함으로 내 마음이 상하나이다, 내가 주의 법을 어찌 그리 사랑하는지요 내가 그것을 종일 작은 소리로 읊조리나이다, 내가 주의 계명들을 사모하므로 내가 입을 열고 헐떡였나이다"(시 119:20, 97, 131)

시편의 시인은 말씀을 사랑하고 사모하는 것을 다양하게 표현하고 있습니다. 그는 말씀을 사모하기 때문에 마음이 상하고, 종일 묵상하며, 입을 열고 헐떡였다고 말하고 있습니다. 그는 진정으로 하나님의 말씀을 사랑하고 사모했습니다. 우리도 이처럼 말씀을 사모해야 합니다.

3) 우리는 성경 말씀을 신속히 지켜야 합니다.

"주의 계명들을 지키기에 신속히 하고 지체하지 아니하였나이다"(시 119:60)

성경에 나오는 위대한 인물들은 하나님의 말씀을 들었을 때 그 즉시 순종했습니다. 지체하지 않았습니다. 우리에게도 이러한 자세가 필요합니다. 하나님께서는 우리에게 가장 좋은 것을 요구하십니다. 우리는 하나님께서 우리 자신을 사랑한다는 사실을 믿어야 합니다.

그러므로 그분이 말씀을 통해서 우리에게 명령을 내리실 때 우리는 신속하게 순종해야 합니다.

4) 우리는 성경 말씀을 마음 판에 새기고 가르쳐야 합니다.

"오늘 내가 네게 명하는 이 말씀을 너는 마음에 새기고 네 자녀에게 부지런히 가르치며 집에 앉았을 때에든지 길을 갈 때에든지 누워 있을 때에든지 일어날 때에든지 이 말씀을 강론할 것이며 너는 또 그것을 네 손목에 매어 기호를 삼으며 네 미간에 붙여 표로 삼고 또 네 집 문설주와 바깥 문에 기록할지니라"(신 6:6-9)

성경 말씀을 마음 판에 새기는 가장 좋은 방법은 말씀을 암송하는 것입니다. 말씀을 암송하면 어디에서나 암송할 말씀을 묵상할 수 있습니다. 예수님의 귀한 사역을 할 때 그 말씀을 사용할 수 있습니다. 그러므로 하나님의 말씀을 암송하기 위해서 시간을 투자하십시오. 그리고 자녀들에게 부지런히 가르쳐야 합니다.

5) 우리는 성경 말씀을 준행하고 전심으로 지켜야 합니다.

"여호와여 주의 율례들의 도를 내게 가르치소서 내가 끝까지 지키리이다 나로 하여금 깨닫게 하여 주소서 내가 주의 법을 준행하며 전심으로 지키리이다 나로 하여금 주의 계명들의 길로 행하게 하소서 내가 이를 즐거워함이니이다 내 마음을 주의 증거들에게 향하게 하시고 탐욕으로 향하지 말게 하소서 내 눈을 돌이켜 허탄한 것을 보지 말게 하시고 주의 길에서 나를 살아나게 하소서"(시 119:33-37)

우리가 하나님의 말씀을 적당히 지킬 수는 없습니다. 그래서 하나님께서는 여호수아에게 먼저 마음을 강하게 하고 담대히 한 다음에 말씀을 순종하라고 명령하셨습니다.

"오직 강하고 극히 담대하여 나의 종 모세가 네게 명령한 그 율법을 다 지켜 행하고 우로나 좌로나 치우치지 말라 그리하면 어디로 가든지 형통하리니 이 율법책을 네 입에서 떠나지 말게 하며 주야로 그것을 묵상하여 그 안에 기록된 대로 다 지켜 행하라 그리하면 네 길이 평탄하게 될 것이며 네가 형통하리라 내가 네게 명령한 것이 아니냐 강하고 담대하라 두려워하지 말며 놀라지 말라 네가 어디로 가든지 네 하나님 여호와가 너와 함께 하느니라 하시니라"(수 1:7-9)

우리는 성경 말씀을 끝까지 지켜야 합니다.

"내가 주의 율례들을 영원히 행하려고 내 마음을 기울였나이다"(시 119:112)

우리는 하나님의 말씀을 순종하되 신실하게, 지속적으로, 꾸준히, 언제나, 변함없이, 일관성 있게 순종해야 합니다. 그러나 이것은 쉽지 않습니다. 그러므로 시편 기자는 말씀을 끝까지 순종하려고 마음을 기울였다고 고백합니다.

6) 우리는 성경 말씀을 주야로 묵상해야 합니다.

"오직 여호와의 율법을 즐거워하여 그의 율법을 주야로 묵상하는도다 그는 시냇가에 심은 나무가 철을 따라 열매를 맺으며 그 잎사귀가 마르지 아니함 같으니 그가 하는 모든 일이 다 형통하리로다"(시 1:2-3)

주야로 묵상하는 좋은 방법은 잠자리에 들기 바로 전에 말씀을 읽고 묵상하며 그 말씀을 생각하면서 잠을 자고 또한 아침에 일어난 후에도 제일 먼저 말씀을 읽고 묵상하는 것입니다.

그리스도인의 신분

구원받은 그리스도인이 신앙생활을 올바르게 하려면 그리스도인의 신분을 정확하게 아는 것이 중요합니다. 우리 그리스도인은 성경을 통해서 자신의 신분이 누구인지 정확하게 알 수 있습니다. 그러므로 우리 그리스도인은 자신의 신분을 알고, 자신의 신분을 믿고, 자신의 신분을 말할 수 있습니다. 그렇다면 성경은 우리 그리스도인의 신분을 누구로 소개하고 있을까요?

1. 그리스도인은 하나님의 자녀입니다.

성경에 의하면 우리 하나님은 온 세상의 주인이십니다. 그분은 모든 것을 소유하신 분이십니다. 그리고 우리는 하나님의 자녀가 되었습니다. 하나님은 우리 아버지가 되시고 우리는 하나님의 상속자입니다. 그러므로 우리는 하나님의 자녀답게 하나님을 본받는 자가 되어야 합니다.

> "그러므로 사랑을 받는 자녀 같이 너희는 하나님을 본받는 자가 되고"(엡 5:1)

우리는 하나님의 자녀로서 이제 그리스도 안에 있습니다. 우리가 구원받기 전에는 그리스도 밖에 있었기 때문에 사도 바울은 "너희는 그리스도 밖에 있었고"(엡 2:12)라고 말합니다. 우리는 그리스도 밖에서 허물과 죄로 인하여 죽어 있었습니다. 우리는 공중의 권세 잡은 마귀 사탄을 따라 살았으며, 육체의 욕심을 따라 죄를 범함으로 본질상 진노의 자녀이었습니다. 우리는 세상에서 소망도 없고, 하나님도 없고, 축복의 약속도 없고, 하나님으로부터 멀리 떠나 있었습니다. 우리는 하나님 앞에 죄인이었고 원수였습니다. 그래서 하나님의 말씀은 이렇게 말합니다.

> "그는 허물과 죄로 죽었던 너희를 살리셨도다 그 때에 너희는 그 가운데서 행하여 이 세상 풍조를 따르고 공중의 권세 잡은 자를 따랐으니 곧 지금 불순종의 아들들 가운데서 역사하는 영이라 전에는 우리도 다 그 가운데서 우리 육체의 욕심을 따라 지내며 육체와 마음의 원하는 것을 하여 다른 이들과 같이 본질상 진노의 자녀이었더니, 그러므로 생각하라 너희는 그 때에 육체로는 이방인이요 손으로 육체에 행한 할례를 받은 무리라 칭하는 자들로부터 할례를 받지 않은 무리라 칭함을 받는 자들이라 그 때에 너희는 그리스도 밖에 있었고 이스라엘 나라 밖의 사람이라 약속의 언약들에 대하여는 외인이요 세상에서 소망이 없고 하나님도 없는 자이더니"(엡 2:1-3, 11-12)

하지만 우리는 이제 예수 그리스도의 복음을 통해 구원을 받았고, 그리스도 안에 들어갔습니다. 예수 그리스도의 죽음을 통해서 우리는 하나님과 화목 되었습니다. 그러므로 그리스도인은 이제 그리스도 밖에 있는 것이 아니라 그리스도 안에 있습니다. 그리스도인은 이제 그리스도 안에서 그리스도의 피로 하나님과 가까워졌습니다. 그래서 하나님의 말씀은 그리스도인에 대해서 분명하게 말합니다.

> "이제는 전에 멀리 있던 너희가 그리스도 예수 안에서 그리스도의 피로 가까워졌느니라 그는 우리의 화평이신지라 둘로 하나를 만드사 원수 된 것 곧 중간에 막힌 담을 자기 육체로 허시고 법조문으로 된 계명의 율법을 폐하셨으니 이는 이 둘로 자기 안에서 한 새 사람을 지어 화평하게 하시고 또 십자가로 이 둘을 한 몸으로 하나님과 화목하게 하려 하심이라 원수 된 것을 십자가로 소멸하시고 또 오셔서 먼 데 있는 너희에게 평안을 전하시고 가까운 데 있는 자들에게 평안을 전하셨으니 이는 그로 말미암아 우리 둘이 한 성령 안에서 아버지께 나아감을 얻게 하려 하심이라"(엡 2:13-18)

그리스도인은 하나님과 가까워졌기 때문에 이제 그리스도 안에서 하나님의 품 안에 있습니다. 우리가 그리스도 안에 있어서 우리는 참된 소망이 생겼습니다. 그리스도 안에서 하나님을 아버지로 예배하고 섬깁니다. 그리스도 안에서 거룩하고 흠이 없고 책망할 것이 없는 자로 하나님 앞에 서 있습니다. 그래서 하나님의 말씀은 이렇게 말합니다.

> "전에 악한 행실로 멀리 떠나 마음으로 원수가 되었던 너희를 이제는 그의 육체의 죽음으로 말미암아 화목하게 하사 너희를 거룩하고 흠 없고 책망할 것이 없는 자로 그 앞에 세우고자 하셨으니"(골 1:21-22)

이제 그리스도인은 외인도 아니요 나그네도 아니요 오직 성도들과 동일한 시민이요 하나님의 가족입니다(엡 2:19). 예수 그리스도께서 부족한 우리를 사랑하시고 받아주셔서 우리는 그리스도 안에 있습니다. 예수 그리스도는 우리에게 놀라운 축복을 주셨습니다. 그분은 우리에게 지혜와 의로움과 거룩함과 구원함을 주셨습니다. 그래서 하나님의 말씀은 이렇게 말합니다.

> "너희는 하나님으로부터 나서 그리스도 예수 안에 있고 예수는 하나님으로부터 나와서 우리에게 지혜와 의로움과 거룩함과 구원함이 되셨으니"(고전 1:30)

그러므로 그리스도인은 그리스도 안에서 충만해졌고, 영적인 할례를 통해서 육의 몸을 벗었습니다.

> "너희도 그 안에서 충만하여졌으니 그는 모든 통치자와 권세의 머리시라 또 그 안에서 너희가 손으로 하지 아니한 할례를 받았으니 곧 육의 몸을 벗는 것이요 그리스도의 할례니라"(골 2:10-11)

우리가 그리스도 밖에 있을 때는 엄청난 저주를 받았지만, 이제는 그리스도 안에서 놀랍고 엄청난 축복을 받았습니다. 예수 그리스도의 복음은 우리에 대한 태도를 근본적으로 바꾸어 놓았습니다. 구원받기 전에는 우리 자신에 대해 부정적으로 바라보았지만 구원받은 후에 우리는 그리스도 안에서 자신에 대해 긍정적으로 바라봅니다.

하나님의 말씀은 그리스도 안에 있는 우리의 정체성을 정확하게 알려줍니다. 하나님의 말씀은 그리스도인의 자존감을 세워주는 놀라운 근원을 제시합니다. 우리가 예수 그리스도의 복음을 적절하게 이해하고 받아 드렸기 때문에 우리는 그리스도 안에서 올바른 자존감을 가지고 행복하게 살아갈 수 있습니다.

2. 그리스도인은 새로운 근원을 가졌습니다.

예수 그리스도께서는 그리스도인의 마음 가운데 함께 거하고 계십니다. 그분은 장식물로서가 아니라 새로운 생명의 근원으로서 함께 하십니다. 예수 그리스도는 포도나무 본체가 되시고 우리 그리스도인은 그 포도나무의 가지가 되었습니다.

> "나는 포도나무요 너희는 가지라 그가 내 안에, 내가 그 안에 거하면 사람이 열매를 많이 맺나니 나를 떠나서는 너희가 아무 것도 할 수 없음이라"(요 15:5)

여기서 포도나무 가지는 모든 생명을 포도나무 본체로부터 공급을 받습니다. 그러므로 그리스도인은 이제 그리스도 안에 거함으로 그리스도의 생명과 그리스도 안에 있는 모든 생명에 관계된 것들을 선물로 받습니다. 그리스도인은 이제 노력할 필요 없이 단지 그리스도 안에 거하면 됩니다. 그리스도인이 열심히 노력하는 것은 자신의 힘으로서 무엇인가 해보려고 노력하는 것입니다. 그럴 때 그리스도인의 능력의 원천은 그리스도가 아니라 자기 자신이 되지만, 그리스도인은 이제 그리스도 안에서 새로운 열매를 맺으며 살아갑니다. 예수 그리스도의 생명은 그리스도인을 통해

흘러나옵니다. 이것은 그리스도를 모방하는 것을 통해서 가능한 것이 아니라 그리스도의 생명을 우리 속에 거하게 함으로 가능해집니다.

그리스도께서는 우리의 최선을 바라시는 것이 아니라 그분이 바라시는 것은 친히 그리스도께서 우리의 육체를 빌려서 그분 자신이 최선을 다하는 것입니다. 그러므로 그리스도의 생명이 그리스도인을 통해서 자연스럽게 흘러가도록 우리가 먼저 그리스도 안에 거하는 삶을 살아야 합니다. 그렇게 할 때 비로소 그리스도인은 아름다운 열매를 맺고 그리스도의 향기가 그리스도인을 통해서 나타나게 됩니다.

그러므로 그리스도인은 예수 그리스도를 전적으로 의존합니다.

> "내 안에 거하라 나도 너희 안에 거하리라 가지가 포도나무에 붙어 있지 아니하면 스스로 열매를 맺을 수 없음 같이 너희도 내 안에 있지 아니하면 그러하리라"(요 15:4)

그리스도인이 그리스도의 생명을 공급받기 위해서 전적으로 예수 그리스도만 의존하는 이유는 모든 생명은 그리스도 안에 있기 때문입니다. 우리는 포도나무 가지로 열매를 만들어 낼 필요가 없습니다. 열매는 포도나무의 본체 되시는 예수 그리스도께서 만들어 내십니다. 그러므로 그리스도인은 예수 그리스도께 전적으로 의존함으로 열매를 맺습니다. 우리는 열매를 만들어 낼 아무런 능력이 없지만, 우리가 포도나무에 붙어서 포도나무로부터 오는 생명을 공급받으면 열매는 저절로 맺혀지기 때문입니다.

그러므로 우리는 포도나무의 본체가 되시는 예수 그리스도께 전적으로 의존합니다. 예수님께서도 아버지께 전적으로 의존하는 삶을 사셨으므로 우리도 예수 그리스도를 본받아 전적으로 하나님을 의존하며 살아가야 합니다.

3. 그리스도인은 하나님께 용납되었습니다.

하나님께서 우리를 그리스도 안에서 있는 모습 그대로 받아주셨기 때문에 우리는 그리스도 안에서 행복하게 살아갈 수 있습니다. 많은 그리스도인이 하나님이 자신을 사랑하심으로 자신을 구원해 주셨다는 사실은 이해하면서도 자신이 부족하지만, 자신의 있는 모습 그대로 받아주셨다는 사실을 믿지 못하는 것은 자신이 영적으로 어떤 조건을 이행해야 하나님이 자신을 받아주신다고 생각하기 때문입니다. 하지만 그것은 하나님 아버지의 진정한 사랑이 아닙니다.

하나님 아버지의 진정한 사랑은 우리가 부족하지만, 그래도 우리의 있는 모습 그대로를 사랑해 주신 것입니다. 사랑과 용납은 항상 함께 갑니다. 용납이 없는 사랑이란 존재할 수 없습니다. 하나님께서 우리가 부족하여도 받아주신 이유는 우리가 그리스도 안에서 구속 곧 죄 사함을 받았기 때문입니다.

"그 아들 안에서 우리가 속량 곧 죄 사함을 얻었도다"(골 1:14)

그리스도인은 과거에 죄인이었지만 이제 그리스도 안에서 예수님 때문에 하나님의 의가 되었습니다. 예수님과 그리스도인은 서로 뒤바뀌게 되어 예수님이 죄인이 되셨고, 우리는 의인이 되었습니다. 하나님은 죄를 알지도 못하신 예수님을 우리를 대신하는 죄로 삼으심으로 우리는 그리스도 안에서 하나님의 의가 되었습니다. 사실 우리는 죽을 수밖에 없었고 지옥에 들어갈 수밖에 없는 죄인이었습니다. 우리에게 우리의 죄를 해결할 길이 전혀 없었지만, 하나님께서 우리의 죄를 위한 해결책을 마련하셨습니다. 그 해결책은 죄 없는 분이 하나님 앞에서 죄인인 우리를 대신하여 죽는 것입니다. 죄 없는 분이 우리의 정죄와 심판과 죽음을 대신 담당했습니다.

그래서 하나님의 말씀은 "하나님이 죄를 알지도 못하신 이를 우리를 대신하여 죄로 삼으신 것"(고후 5:21)이라고 말합니다. 그분이 죄인의 위치에서 우리를 위해 죽었습니다. 예수님의 죽으심은 하나님 아버지의 의로우신 요구를 충분히 만족시키셨습니다. 예수님은 자신의 죽음으로 죄인인 우리를 의인이 되게 하심으로 하나님과 화목 시켰습니다. 결국 예수님께서 우리를 있는 모습 그대로 받아주셨습니다. 그래서 하나님의 말씀은 "그러므로 그리스도께서 우리를 받아 하나님께 영광을 돌리심과 같이 너희도 서로 받으라"(롬 15:7)라고 말합니다. 우리는 그리스도 안에서 신분이 뒤바뀌게 되었습니다. 예수님은 죄인이 되셨고 우리는 의인이 되었습니다. 이제 우리는 하나님 보시기에 거룩하고 흠이 없고 완벽한 존재가 되었습니다. 우리가 무슨 일을 했기 때문이 아니라 우리가 그리스도 안에 있기 때문입니다.

4. 그리스도인 새로운 인생을 살아갑니다.

"그런즉 누구든지 그리스도 안에 있으면 새로운 피조물이라 이전 것은 지나
갔으니 보라 새 것이 되었도다"(고후 5:17)

여기서 그리스도인은 이제 그리스도 안에서 새로운 피조물이 되었습니
다. 우리의 행동이 바꾸어 진 것이 아니라 그리스도인의 신분이 바꾸어
졌습니다. 그리스도인의 정체성이 바꾸어 졌습니다. 우리가 아담 안에 있
을 때는 영적으로 죽어 있었지만, 우리가 이제 구원을 받고 그리스도 안에
들어왔기 때문에 그리스도의 피로 모든 죄를 용서받고 하나님의 성령을
소유하고 영적으로 살아있는 새로운 사람이 되었습니다.

이제 그리스도인의 정체성과 신분이 이렇게 놀랍게 변화되었기 때문에
우리의 행동도 달라질 수 있습니다. 그리스도인은 이제 그리스도 안에서
무엇이든지 할 수 있는 무한한 가능성이 있습니다. 우리가 지금은 완벽
하지 않아도 우리가 그리스도 안에 있기에 새로운 삶을 살아갈 수 있습니
다. 그리스도인은 이제 그리스도 안에서 선한 일도 할 수 있습니다. 그리
스도인은 그리스도 안에서 선한 일을 위해서 지음을 받았기 때문입니다.

"우리는 그가 만드신 바라 그리스도 예수 안에서 선한 일을 위하여 지으심
을 받은 자니 이 일은 하나님이 전에 예비하사 우리로 그 가운데서 행하게
하려 하심이니라"(엡 2:10)

예수님은 이제 우리 안에 들어오셔서 우리의 삶을 인도하시고 우리에게
놀라운 능력을 주십니다. 우리는 이제 그리스도 안에서 모든 것을 할 수

있기에 바울은 "내게 능력 주시는 자 안에서 내가 모든 것을 할 수 있느니라"(빌 4:13)라고 말합니다.

우리는 그리스도 안에서 새롭고 활기 있게 살아갈 수 있습니다. 우리가 비록 과거에 아무리 실패를 많이 경험했더라도 그리스도 안에 있다면 우리는 무한한 가능성을 가지고 있습니다. 이제 구원받기 이전의 삶은 다 지나가 버렸고, 이제는 우리가 새사람으로 새로운 인생을 살아갑니다. 우리는 이제 과거에 머물러 있지 않습니다. 죄로 인한 옛 생활은 지나가고 예수님의 생명으로 기쁨과 자유와 새로운 삶이 찾아왔습니다.

그리스도인은 이제 새로운 피조물이 되었습니다. 더는 좌절하는 옛사람이 아닙니다. 옛날의 삶은 지나가고 모든 것이 새롭게 되었습니다. 비록 우리가 죄에서 벗어나 죄 없는 완벽한 삶을 살아가는 것은 아니지만, 우리는 이제 구원받지 못한 과거의 삶을 살아가는 것이 아니라 그리스도 안에서 새로운 삶을 살아가기 때문에 우리는 이제 인생을 비관하지 않습니다.

우리는 자신이 범한 실수나 오류를 은폐하지 않고 우리 자신을 수정하고 솔직하고 담대하게 행동할 수 있습니다. 우리에게 주어진 상황에서 최선을 다하며, 다른 사람들이 우리가 이룩한 일을 인정하지 않아도 좌절하지 않습니다. 그리고 우리는 이제 과거에 있었던 실수에 집착하지 않고 미래의 사건에 대하여 불안해하지도 않습니다. 우리는 이제 어떤 문제라도 두려워하지 않습니다. 모든 문제를 우리의 발전의 기회로 생각하며 하나님의 뜻과 교훈을 찾고자 노력하며, 그리스도 안에서 새로운 삶을 살아갈 것입니다.

승리의 생활

마귀 사탄이 이 세상에서 우리의 신앙생활을 무너뜨리려고 온갖 수단과 방법을 동원하여 공격해 오고 있지만, 우리 그리스도인은 이 세상에서 승리하는 생활을 해야 합니다. 바로 우리 하나님께서 우리가 승리하는 그리스도인이 되기를 원하시기 때문입니다. 그런데 우리가 싸워야 할 대적은 세 가지, 세상과 육신의 자아와 마귀 사탄이 있습니다. 그렇다면 우리 그리스도인들은 어떻게 이 세 가지 대적을 이기고 승리할 수 있을까요?

1. 그리스도인은 세상을 믿음으로 이기고 승리할 수 있습니다.

우리 그리스도인이 첫 번째로 싸워야 할 대적은 이 세상입니다. 그러므로 우리 그리스도인들을 유혹하는 것들은 대부분 이 세상 안에 있습니다. 그렇다면 우리가 싸워야 할 세상이란 무엇일까요? 하나님의 말씀에 등장하는 세상(world)이란 하나님의 주권 아래 있는 창조된 세계를 말합니다. 하지만 세상을 헬라어로는 '코스모스'라고 하는데 이 단어는 우주(요 1:10)를 지칭할 때가 있고, 사람(요 3:16)을 지칭할 때가 있고, 하늘과 땅 전체(행 17:24)를 지칭할 때가 있고, 지적인 세계(고전 4:9)를 지칭할 때가 있고, 마귀 사탄이 지배하는 세상을 지칭할 때가 있습니다. 그러므로 우리가 싸워야 할 대적은 사도 요한이 요한일서 2장 15절과 16절에서 '세상을 사랑하지 말라'고 말한 마귀 사탄이 지배하는 세상을 말합니다.

"이 세상이나 세상에 있는 것들을 사랑하지 말라 누구든지 세상을 사랑하면 아버지의 사랑이 그 안에 있지 아니하니 이는 세상에 있는 모든 것이 육신의 정욕과 안목의 정욕과 이생의 자랑이니 다 아버지께로부터 온 것이 아니요 세상으로부터 온 것이라"

사실 우리가 살아가고 있는 이 세상은 많은 문제가 있습니다. 그래서 예수님은 요한복음 16장 33절에서 우리가 세상을 살아갈 때 많은 문제에 직면하게 될 것이라고 말씀하셨습니다.

"세상에서는 너희가 환난을 당하나 담대하라 내가 세상을 이기었노라"

예수님은 여기서 분명하게 '세상에서는 너희가 환난을 당하나'라고 말씀하셨습니다. 그러므로 우리가 세상을 살아가면서 하나의 문제를 해결하면 또 다른 문제가 찾아올 수 있습니다. 어려운 문제가 찾아왔을 때 대부분 사람은 그 문제 때문에 스트레스를 받습니다.

하지만 사도 베드로는 베드로전서 4장 12절과 13절에서 우리에게 문제가 찾아오는 것은 너무나 당연하다고 말합니다.

"사랑하는 자들아 너희를 연단 하려고 오는 불 시험을 이상한 일 당하는 것 같이 이상히 여기지 말고 오히려 너희가 그리스도의 고난에 참여하는 것으로 즐거워하라 이는 그의 영광을 나타내실 때에 너희로 즐거워하고 기뻐하게 하려 함이라"

우리가 많은 문제와 싸우다가 마음이 무너지고 이 세상에서 홀로 서 있다고 느낄 때도 있을 것입니다. 하지만 우리는 고통 중에서 하나님께 부르짖고 기도할 수 있습니다. 그러므로 시인은 시편 34편 18절에서 우리 하나님께서 우리를 가까이 하시고 우리를 도와주신다고 말씀합니다.

"여호와는 마음이 상한 자를 가까이 하시고 충심으로 통회하는 자를 구원하시는도다"

그렇다면 우리 하나님께서 우리에게 환난이나 시련을 허락하시는 이유가 무엇일까요? 우리 하나님께서는 여러 가지 문제들을 사용하시어 우리를 단련하시는 것입니다. 그러므로 신앙의 영웅들이나 믿음으로 살았던 모든 사람은 여러 가지 문제를 통해서 하나님께 더욱 가까이 다가갈 수 있었습니다. 그들은 문제 속에서 하나님의 능력을 경험했습니다. 우리가 당하는 문제는 우리에게 하나님을 바라보게 만들고 하나님을 더 의뢰하게 만듭니다. 그러므로 사도 요한은 요한일서 5장 4절과 5절에서 우리는 믿음으로 세상을 이길 수 있다고 말했습니다.

"무릇 하나님께로부터 난 자마다 세상을 이기느니라 세상을 이기는 승리는 이것이니 우리의 믿음이라 예수께서 하나님의 아들이심을 믿는 자가 아니면 세상을 이기는 자가 누구냐"

여기서 '하나님께로부터 난 자마다 세상을 이기느니라'라고 말씀합니다. 그렇습니다. 우리가 거듭난 그리스도인들이라면 우리는 세상을 이기고 승리할 수 있습니다. 또한 하나님의 말씀은 우리의 승리와 이김은 우리 하나님께 있으며, 우리 하나님께서 우리에게 승리를 주신다고 말씀하셨습니다.

> "싸울 날을 위하여 마병을 예비하거니와 이김은 여호와께 있느니라, 우리 주 예수 그리스도로 말미암아 우리에게 승리를 주시는 하나님께 감사하노니"(잠 21:31, 고전 15:57)

지혜의 왕 솔로몬은 여기서 '이김은 여호와께 있느니라'라고 분명하게 말씀합니다. 그리고 바울도 '우리에게 승리를 주시는 하나님'이라고 말씀합니다. 그러므로 우리는 우리의 적인 세상과 마귀 사탄을 겨우 이기는 자가 아니라 넉넉히 이기고 승리할 수 있습니다.

> "그러나 이 모든 일에 우리를 사랑하시는 이로 말미암아 우리가 넉넉히 이기느니라"(롬 8:37)

그러므로 우리 그리스도인은 믿음으로 이 세상을 이기고 승리할 수 있습니다.

2. 그리스도인은 육신의 자아와 싸워 승리할 수 있습니다.

이제 우리 그리스도인들이 싸워야 할 두 번째 대적은 우리 내부의 적인 육신의 자아입니다. 그런데 육신의 자아 또한 결코 쉬운 적이 아닙니다. 어떻게 보면 우리가 싸워야 할 대적 가운데 가장 막강한 대적이 바로 우리 육신의 자아입니다. 그리고 우리 육신의 자아는 바로 우리 자신입니다. 그러므로 많은 사람이 육신의 자아를 이기지 못함으로 실패하고 넘어집니다. 자신의 자아를 정복하지 못함으로 패배합니다. 자신의 자아 때문에, 자신의 육신 때문에, 자신의 혈기 때문에 넘어지고 패배한 사람들이 너무나 많습니다. 그래서 관계에서 가장 중요한 관계도 자기 자신과의 관계입니다. 그러므로 자신을 다스리고, 자신을 관리할 줄 아는 사람이 모든 전쟁에서 이기고 승리할 수 있습니다. 그렇다면 우리는 어떻게 육신의 자아를 이기고 승리할 수 있을까요?

1) 우리의 내부를 잘 관리해야 육신의 자아를 이길 수 있습니다.

육신의 자아와 싸워 실패하는 사람들은 대부분 패배의 원인을 환경에서 찾지만, 실상은 자기 자신의 내부에 있습니다. 그런데도 많은 사람은 자신과의 싸움에서 실패할 때 그 원인을 자신의 내부에서 찾지 아니하고 외부에서 찾습니다. 그리고 자신과의 싸움에서 실패할 때 그 원인을 외부에서 찾는 사람들은 대부분 여러 가지 핑계를 댑니다.

"나는 저 사람 때문에 실패했다. 나는 돈이 없어서 실패했다. 나는 배운 것이 없어서 실패했다. 나는 친구를 잘못 만나서 실패했다. 나는 부모를 잘못 만나서 실패했다."

그러므로 자신과의 싸움에서 실패할 때 그 원인을 외부에서 찾는 사람들은 자신의 잘못을 회개하지 않습니다. 하지만 우리의 모든 실패의 원인은 외부에 있는 것이 아니라 우리 내부에 있습니다.

그러므로 우리 내부에 있는 세상을 사랑하는 마음이 자신과의 싸움에서 패배하게 만듭니다. 하지만 우리가 이 세상을 사랑한다면 우리는 결코 승리할 수 없습니다. 그래서 하나님의 말씀 성경은 '세상을 사랑하는 것이 바로 영적인 간음'이라고 말합니다. 다시 말해서 세상을 좋아하고 세상의 것들을 즐기는 것이 바로 영적인 간음이라고 야고보서 4장 4절과 5절은 말씀합니다.

> "간음한 여인들아 세상과 벗된 것이 하나님과 원수 됨을 알지 못하느냐 그런즉 누구든지 세상과 벗이 되고자 하는 자는 스스로 하나님과 원수 되는 것이니라 너희는 하나님이 우리 속에 거하게 하신 성령이 시기하기까지 사모한다 하신 말씀을 헛된 줄로 생각하느냐"

그러므로 그리스도인이 세상의 것들을 좋아하는 것이 바로 영적인 간음입니다. 그래서 그런 사람들을 향하여 "간음한 여인들"이라고 부릅니다. 그뿐만 아니라 하나님의 말씀은 세상을 좋아하는 사람은 하나님과 원수가 된다고 말합니다. 우리가 하나님과 원수가 된다면 우리 하나님께서 우리를 도와주시지 않기 때문에 우리는 결코 세상에서 승리할 수 없습니다. 여기서 우리가 좋아하는 세상의 것은 우리가 잘 알고 있는 것들입니다. 어떤 사람은 술을 좋아하고, 어떤 사람은 도박을 좋아하고, 어떤 사람은 쇼핑을 좋아하고, 어떤 사람은 명예를 좋아하고, 어떤 사람은 노는 것을 좋아합니다. 그러므로 야고보서 4장 1절부터 3절은 세상의 정욕 때문에 우리가 실패하고 넘어진다고 말합니다.

"너희 중에 싸움이 어디로부터 다툼이 어디로부터 나느냐 너희 지체 중에서 싸우는 정욕으로부터 나는 것이 아니냐 너희는 욕심을 내어도 얻지 못하여 살인하며 시기하여도 능히 취하지 못하므로 다투고 싸우는도다 너희가 얻지 못함은 구하지 아니하기 때문이요 구하여도 받지 못함은 정욕으로 쓰려고 잘못 구하기 때문이라"

야고보서 사도는 여기서 우리를 실패하게 만드는 것들을 소개합니다. 그러므로 여기서 말하는 대로 우리의 정욕과 우리의 욕심과 우리의 시기와 우리의 다툼과 우리의 싸움과 우리의 간음이 우리를 패배하게 만듭니다. 우리는 이것들 때문에 승리하지 못하고 패배합니다. 이런 것들 때문에 우리가 기도해도 응답을 받지 못합니다. 그리고 여기서 말하는 정욕이란 우리의 영에 호소해서 하나님 말씀을 보게 만들고, 기도하게 만들고, 성령님의 인도를 받게 만드는 것이 아니라 우리의 육체에 호소해서 육신의 것들을 즐기게 만드는 우리의 정욕입니다. 그리고 우리의 정욕은 성적인 범죄와도 연관이 있습니다. 그래서 바울은 로마서 1장 24절에서 이렇게 말합니다.

"그러므로 하나님께서 그들을 마음의 정욕대로 더러움에 내버려 두사 그들의 몸을 서로 욕되게 하게 하셨으니"

세상의 온갖 더러운 것들로 인하여 우리의 마음이 더러워져서 영적인 파탄에 이르게 되고, 우리의 신앙생활을 실패하게 만듭니다. 그래서 우리 하나님은 그런 사람들을 향하여 "세상에 벗이 되고자 하는 자들아"라고 부릅니다. 그러므로 육신과 자아 중심적인 사람들은 세상을 좋아하고 세상 풍속을 좋아하고 세상의 명예를 좋아하고 세상 쾌락을 좋아합니다. 그러므로 그들은 하나님과 원수 관계에 있습니다. 그러므로 우리는 세상에 속해 있는 육신의 것들을 속히 정리해야 합니다. 그러므로 술과 담배와 음란한 것과 욕심과 시기와 질투를 모두 정리하고 버려야 합니다. 우리가 육신의 것들을 정리하지 못하고 육신의 것들을 즐길 때 우리 안에 계시는 성령님이 가장 싫어하십니다. 우리 속에 계신 성령님은 거룩한 성령님이시기 때문에 우리가 죄를 범할 때 가장 싫어하십니다. 그분은 우리가 세상을 즐기며 살아갈 때 다 보고 계시며, 우리가 얼마나 세상을 좋아하는지 그분은 다 알고 계십니다. 어떤 사람은 성령님이 시기할 정도로 세상을 사랑하는 사람들도 있어서 야고보 사도는 야고보서 4장 5절에서 이렇게 말합니다.

"너희는 하나님이 우리 속에 거하게 하신 성령이 시기하기까지 사모한다 하신 말씀을 헛된 줄로 생각하느냐"

그래서 성령님은 그런 사람들에게 역사하지 않습니다. 그런 사람은 성령님의 음성을 들을 수 없습니다. 그런 사람에게는 성령님의 능력이 나타나지 않습니다. 그 결과 이 세상에서 승리하지 못하고 계속해서 패배합니다. 그러므로 우리는 세상을 사랑하는 마음을 속히 정리해야 합니다. 그렇다면 내부의 무엇이 우리를 승리하지 못하게 만들까요? 야고보 사도는 야고보서 4장 6절에서 우리 내부의 교만한 마음이 실패하게 만든다고 말합니다.

"그러나 더욱 큰 은혜를 주시나니 그러므로 일렀으되 하나님이 교만한 자를 물리치시고 겸손한 자에게 은혜를 주신다 하였느니라"

그러므로 우리가 겸손하지 못하고 교만하면 승리하지 못하고 넘어질 수밖에 없습니다. 교만은 하나님이 가장 싫어하시는 죄악이기 때문입니다. 하나님께서는 교만한 자를 물리치십니다. 그러면 무엇이 교만일까요? 우리가 교만한 사람인지 아닌지 어떻게 알 수 있을까요? 우리가 하나님께 순종하지 않는다면 그것이 바로 교만입니다. 교만한 사람은 하나님께 순종하지 않기 때문입니다. 그러므로 우리는 우리의 교만을 버리고 겸손해야 합니다. 하나님은 겸손한 자에게만 은혜를 주시기 때문입니다. 우리가 교만을 버리고 겸손하면 우리는 육신의 자아와 싸워 승리할 수 있습니다. 야고보 사도는 야고보서 4장 10절에서 우리가 겸손할 때 우리 하나님께서 우리를 높여주신다고 말합니다.

"주 앞에서 낮추라 그리하면 주께서 너희를 높이시리라"

그렇다면 우리는 어떻게 육신의 자아를 이기고 승리할 수 있을까요?

2) 우리는 성령을 따라 행해야 육신의 자아를 이기고 승리할 수 있습니다.

그러므로 바울은 갈라디아서 5장 16절부터 26절에서 우리가 성령을 따라 행할 때 육신의 욕심을 이루지 않게 된다고 말씀합니다.

"내가 이르노니 너희는 성령을 따라 행하라 그리하면 육체의 욕심을 이루지 아니하리라 육체의 소욕은 성령을 거스르고 성령은 육체를 거스르나니 이

둘이 서로 대적함으로 너희가 원하는 것을 하지 못하게 하려 함이니라 너희가 만일 성령의 인도하시는 바가 되면 율법 아래에 있지 아니하리라 육체의 일은 분명하니 곧 음행과 더러운 것과 호색과 우상 숭배와 주술과 원수 맺는 것과 분쟁과 시기와 분냄과 당 짓는 것과 분열함과 이단과 투기와 술 취함과 방탕함과 또 그와 같은 것들이라 전에 너희에게 경계한 것 같이 경계하노니 이런 일을 하는 자들은 하나님의 나라를 유업으로 받지 못할 것이요 오직 성령의 열매는 사랑과 희락과 화평과 오래 참음과 자비와 양선과 충성과 온유와 절제니 이같은 것을 금지할 법이 없느니라 그리스도 예수의 사람들은 육체와 함께 그 정욕과 탐심을 십자가에 못 박았느니라 만일 우리가 성령으로 살면 또한 성령으로 행할지니 헛된 영광을 구하여 서로 노엽게 하거나 서로 투기하지 말지니라"

하나님의 말씀 성경은 우리가 육신을 쫓아 살아갈 때 반드시 망한다고 말합니다. 그러므로 우리는 성령을 따라 살아야 합니다. 사실 우리의 모든 행동은 우리의 생각과 연관이 있습니다. 육신을 따르는 사람은 육신의 일을 생각하고, 육신의 일을 생각하는 사람은 육신의 일을 행할 수밖에 없습니다. 하지만 반대로 영을 따르는 사람은 영적인 일을 생각하고 영적인 일을 행할 수 있습니다. 그러므로 바울은 로마서 8장 5절부터 8절에서 이렇게 말합니다.

"육신을 따르는 자는 육신의 일을, 영을 따르는 자는 영의 일을 생각하나니 육신의 생각은 사망이요 영의 생각은 생명과 평안이니라 육신의 생각은 하나님과 원수가 되나니 이는 하나님의 법에 굴복하지 아니할 뿐 아니라 할 수도 없음이라 육신에 있는 자들은 하나님을 기쁘시게 할 수 없느니라"

여기서 육신의 생각은 하나님과 원수가 된다고 말합니다. 그래서 육신의 생각을 하는 사람은 하나님의 말씀에 순종할 수 없습니다. 결국 육신의 생각을 하는 사람들은 우리 하나님을 기쁘시게 할 수 없습니다. 그리고 바울은 로마서 8장 13절에서 우리가 육신대로 살면 반드시 영적으로 죽는다고 말합니다.

> "너희가 육신대로 살면 반드시 죽을 것이로되 영으로써 몸의 행실을 죽이면 살리니"

그러므로 우리는 마땅히 성령을 따라 행해야 합니다. 우리가 성령을 따라 행하려면 성령으로 충만해야 하고 우리가 성령으로 충만할 때 우리는 승리할 수 있습니다. 그러므로 우리는 성령 충만을 위하여 기도해야 합니다. 우리가 성령으로 충만하면 우리 육신의 정욕과 죄를 이길 수 있습니다.

3. 그리스도인은 마귀 사탄의 거짓을 진리로 이기고 승리할 수 있습니다.

우리가 싸워야 할 세 번째 대적은 마귀 사탄입니다. 마귀 사탄은 늘 우리 그리스도인을 공격하기 때문에 우리 그리스도인이 마귀 사탄의 공격으로 상처를 입고 패배하는 경우가 있습니다. 마귀 사탄은 우리의 내부에서 공격할 뿐 아니라 우리의 외부에서도 공격해 옵니다. 마귀 사탄의 공격으로 패배하는 그리스도인들은 하나님과의 관계가 친밀하지 못하고 자신과의 관계도 부정적이며, 사람들과의 관계에서도 원만하지 못합니다. 자신과 상대방을 사랑하지 못하고 오히려 싫어하거나 질투하거나 화를 내거나 미워합니다. 우리가 마귀 사탄에게 속는 이유는 우리에게 죄성이 있어서 그러기도 하지만, 더 근본적으로는 마귀 사탄이 우리에게 역사하고 있기 때문입니다.

마귀 사탄은 우리를 유혹하여 죄를 범하게 만듭니다. 모든 부정적인 사건들을 통해서 우리를 공격하기 때문에 마귀 사탄은 우리에게 피해를 주는 최고의 가해자입니다. 그러므로 우리 그리스도인은 마귀 사탄의 활동과 특성과 범위와 궤계를 알아야 마귀 사탄에게 속지 않고 진리로 승리할 수 있습니다. 우리는 마귀 사탄이 역사하지 못하도록 문을 걸어 닫고, 기회를 주지 말고, 틈을 주지 말아야 합니다. 그래서 사도 바울은 고린도후서 2장 11절에서 우리가 마귀 사탄의 계책을 바로 알면 마귀 사탄에게 속지 않게 된다고 말합니다.

"이는 우리로 사탄에게 속지 않게 하려 함이라 우리는 그 계책을 알지 못하는 바가 아니로라"

그렇다면 우리 그리스도인이 어떻게 마귀 사탄의 거짓을 이길 수 있을까요? 우리 그리스도인은 마귀 사탄의 모든 거짓을 오직 진리의 말씀으로만 이길 수 있습니다. 그러므로 우리 그리스도인은 오류에 빠지지 않기 위해서 하나님 말씀의 진리로 무장해야 합니다. 우리가 진리로 무장하지 않으면 온갖 종류의 거짓에 속아 넘어갈 수 있기 때문입니다.

그러므로 우리 예수님은 성경 말씀에서 진리에 대해 아주 명확하게 말씀하셨습니다. 그분은 진리와 거짓을 아주 명확하게 구분하셨습니다. 우리 그리스도인은 진리 뒤에는 오직 하나님께서 역사하시고 거짓 뒤에는 오직 마귀 사탄이 역사한다는 사실을 바로 알아야 합니다. 우리의 결론은 하나님의 진리가 사탄의 거짓을 이긴다는 것입니다. 사탄의 거짓을 몰아내는 유일한 무기는 하나님의 진리밖에 없습니다. 어둠을 몰아내는 유일한 무기가 빛인 것처럼 마귀 사탄의 모든 거짓을 몰아내는 유일한 무기는 하나님 말씀 진리밖에 없습니다.

그래서 예수님은 요한복음 8장 32절부터 47절에서 진리에 대해 매우 강조하셨습니다.

> "진리를 알지니 진리가 너희를 자유롭게 하리라, 그러므로 아들이 너희를 자유롭게 하면 너희가 참으로 자유로우리라, 예수께서 이르시되 너희가 아브라함의 자손이면 아브라함이 행한 일들을 할 것이거늘 지금 하나님께 들은 진리를 너희에게 말한 사람인 나를 죽이려 하는도다 아브라함은 이렇게 하지 아니하였느니라, 나는 스스로 온 것이 아니요 아버지께서 나를 보내신 것이니라 어찌하여 내 말을 깨닫지 못하느냐 이는 내 말을 들을 줄 알지 못함이로다 너희는 너희 아비 마귀에게서 났으니 너희 아비의 욕심대로 너희도 행하고자 하느니라 그는 처음부터 살인한 자요 진리가 그 속에 없으므로 진리에 서지 못하고 거짓을 말할 때마다 제 것으로 말하나니 이는 그가 거짓말쟁이요 거짓의 아비가 되었음이라 내가 진리를 말하므로 너희가 나를 믿지 아니하는도다 너희 중에 누가 나를 죄로 책잡겠느냐 내가 진리를 말하는데도 어찌하여 나를 믿지 아니하느냐 하나님께 속한 자는 하나님의 말씀을 듣나니 너희가 듣지 아니함은 하나님께 속하지 아니하였음이로다"

우리는 예수님이 말씀한 참된 진리를 바로 알아야 그 진리가 우리의 문제를 해결하고 우리에게 참된 자유를 주는 것입니다.

"진리를 알지니 진리가 너희를 자유롭게 하리라"(요 8:32)

예수님께서 오셔서 그 당시에 하나님 아버지께 들은 진리를 그들에게 말씀해 주셨지만, 그 당시 유대인들은 진리를 말씀하시는 예수님을 믿지 않고 오히려 죽이려고 했습니다.

"지금 하나님께 들은 진리를 너희에게 말한 사람인 나를 죽이려 하는도다 아브라함은 이렇게 하지 아니하였느니라"(요 8:40)

예수님께서 진리를 계속해서 말씀하셨지만, 유대인들은 그 진리를 믿지 않았습니다.

"내가 진리를 말하므로 너희가 나를 믿지 아니하는도다"(요 8:45)

그러므로 예수님께서는 사람들이 진리의 말씀을 깨닫지 못하는 것을 매우 안타깝게 여기셨으며, 그들이 진리의 말씀을 깨닫지 못하는 이유는 그들이 진리의 말씀을 들을 줄을 알지 못하기 때문이라고 말씀하셨습니다. "어찌하여 내 말을 깨닫지 못하느냐 이는 내 말을 들을 줄 알지 못함이로다"(요 8:43) 그러므로 예수님께서는 결론으로 마귀 사탄에게는 진리가 없다고 아주 분명하게 선포하셨습니다. 그러므로 마귀 사탄에게는 진리가 없고 오직 거짓만 있습니다. 마귀 사탄은 거짓을 말할 때마다 자기의 것으로 말하는 것은 마귀 사탄이 거짓말쟁이요 거짓의 아비이기 때문이라고 말씀하셨습니다.

"너희는 너희 아비 마귀에게서 났으니 너희 아비의 욕심대로 너희도 행하고 자 하느니라 그는 처음부터 살인한 자요 진리가 그 속에 없으므로 진리에 서지 못하고 거짓을 말할 때마다 제 것으로 말하나니 이는 그가 거짓말쟁이요 거짓의 아비가 되었음이라"(요 8:44)

1) 그리스도인이 믿는 하나님은 진리의 하나님이십니다.

하나님 아버지는 진리의 하나님이십니다(시 31:5). 예수 그리스도께서도 진리의 하나님이십니다. 그분은 길이요 진리요 생명이시며, 진리가 충만하신 분이십니다(요 14:6, 1:14, 엡 4:21). 성령 하나님께서도 진리의 영이십니다(요 14:17, 15:26, 16:13, 요일 5:7). 그리고 하나님의 말씀도 진리의 말씀입니다. 그리스도인은 진리의 말씀 곧 구원의 복음을 듣고 구원을 받았습니다. 그리스도인이 진리로 거룩하게 될 수 있는 이유는 아버지의 말씀은 진리이기 때문입니다. 하나님은 진리의 말씀으로 우리를 낳으셨습니다. 그러므로 우리 그리스도인은 시편의 시인처럼 진리의 말씀이 내 입에서 조금도 떠나지 말게 해달라고 기도해야 합니다(잠 22:21, 딤후 2:15, 엡 1:13, 요 17:17, 약 1:18, 전 12:10, 시 119:43, 142, 151, 160).

2) 그리스도인은 하나님 말씀의 진리를 보물처럼 소중하게 여겨야 합니다.

지혜의 왕인 솔로몬은 잠언 23장 23절에서 진리가 너무나 소중하니 진리를 사고서 팔지 말라고 권면합니다. 시편 43편 3절에서 시인은 하나님의 진리가 우리를 인도하여 하나님의 아름답고 거룩한 산에 이르게 한다고 말합니다.

그리고 시편 40편 11절에서 하나님의 진리는 우리를 항상 보호할 수 있어서 진리는 너무나 소중하다고 말합니다. 그러므로 하나님의 진리가 우리 그리스도인들을 지도하고 교훈하므로 하나님을 믿는 우리 그리스도인은 승리할 수 있습니다.

그리스도인이 모이는 교회는 진리의 기둥과 터로서 진리를 전파하는 곳입니다. 하나님은 모든 사람이 진리를 아는데 이르기를 원하십니다(딤전 3:15, 2:4). 우리 모든 그리스도인은 진리를 위하여 함께 수고하는 사람들입니다(요삼 1:8). 그래서 솔로몬은 잠언 8장 7절에서 우리의 입으로 진리를 말하라고 권면합니다. 잠언 12장 17절에서는 진리를 말하는 자는 의를 나타내어도 거짓 증인은 궤휼을 말한다고 말합니다. 그러므로 우리 그리스도인은 진리를 말하는 사람이 되어야 합니다.

사실 이 세상에는 두 종류의 사람들이 살아가고 있습니다. 거짓된 사람과 진실한 사람입니다. 그렇다면 누가 거짓된 사람이고 누가 진실한 사람일까요? 거짓된 사람은 거짓을 말하는 사람이고, 진실한 사람은 진리를 말하는 사람입니다. 그리고 거짓을 말하는 사람은 마귀 사탄의 자녀이고 진리를 말하는 사람은 하나님의 자녀입니다. 마귀 사탄은 거짓의 아비요 하나님은 진리의 하나님이시기 때문입니다.

이제 우리 그리스도인은 하나님 말씀의 진리를 믿고 그 진리로 마귀 사탄의 거짓을 물리쳐야 합니다. 하나님께서는 진리를 통해 역사하신다는 확신으로 진리를 말해야 합니다. 하나님이 주신 참된 진리가 우리의 모든 문제를 해결하고 참된 자유를 주기 때문입니다. 이제 하나님 말씀의 진리로 무장하고 마귀 사탄의 모든 거짓을 이기고 승리해야 합니다.

4. 그리스도인은 하나님의 도우심으로 세 가지 대적을 이기고 승리할 수 있습니다.

우리 그리스도인이 세 가지 대적을 어떻게 이기고 승리할 수 있을까요? 사도 바울은 고린도후서 2장 14절에서 바로 하나님께서 우리를 이기게 하신다고 선포합니다.

> "항상 우리를 그리스도 안에서 이기게 하시고 우리로 말미암아 각처에서 그리스도를 아는 냄새를 나타내시는 하나님께 감사하노라"

그러므로 모든 승리는 오직 그리스도 안에 있습니다. 우리 그리스도인은 예수 그리스도 안에 있기에 이제 승리할 수 있습니다. 우리는 더는 실패하는 옛사람이 아닙니다. 우리는 구원받은 하나님의 자녀로서 죄를 용서받은 의인이요, 거룩한 성도가 되어서 승리할 수 있습니다. 우리는 이제 그리스도 안에서 좀 더 당당하게 살아가고 좀 더 떳떳하게 행동할 수 있습니다.

사도 바울은 우리는 죄와 사망의 법에서 해방되어서 로마서 8장 37절에서 우리를 사랑하시는 예수님을 통해서 넉넉히 이길 수 있다고 선포합니다.

> "그러나 이 모든 일에 우리를 사랑하시는 이로 말미암아 우리가 넉넉히 이기느니라"

우리는 이제 하나님께서 그리스도 안에서 우리를 변화시켜 주실 것을 믿어야 합니다. 우리는 하나님이 주신 성경적 가치관이나 철학을 소중히 여기며, 삶에 대한 확고한 목표를 가지고 하나님과 인간에 대하여 긍정적인 관점을 가지고 살아가야 합니다. 우리가 우리 자신을 긍정적으로 사랑하는 이유는 하나님께서도 우리 자신을 사랑하셨기 때문이며, 하나님께서 우리 자신을 사랑하셨기에 우리도 우리 자신을 사랑하고 귀히 여기며, 우리 자신을 발전시켜 나갈 수 있습니다. 우리는 이제 예수 그리스도의 기대에 반응할 수 있습니다. 예수님께서는 진정으로 우리를 믿으시기 때문입니다. 예수님께서는 우리를 실현될 수 있는 하나의 꿈으로 보십니다. 예수님께서는 우리를 바라보시고 우리 속에서 거룩한 성인이 될 꿈을 꾸고 계십니다. 그러므로 우리는 이제 변화되어 승리할 수 있습니다.

겔로웨이 박사는 하나님께서 주시는 놀라운 축복을 이렇게 소개합니다. "하나님께서는 우리의 모든 상처를 아물게 하시고, 더 나은 삶을 이룩하는 통찰력과 베푸는 사랑과 우리 자신의 영역을 뛰어넘는 새로운 꿈을 주셨습니다. 그분은 우리에게 극복할 수 있는 장애물과 영광으로 승화시킬 상처를 주셨습니다. 하나님은 우리에게 무한한 가능성을 주셨습니다. 우리에게는 한계가 없고 단지 하늘이 한계가 될 뿐입니다. 문제는 이제까지 우리가 어떤 길로 왔느냐가 아니라 앞으로 우리가 어떤 길로 가느냐가 중요합니다. 우리는 가장 좋은 것은 반드시 우리에게 온다는 사실을 믿습니다"

헌신의 생활

하나님께서는 지금까지 우리 그리스도인들을 위해서 놀라운 일들을 행하셨습니다. 하나님 아버지께서 당신의 아들 예수 그리스도를 우리에게 보내주심으로 그분이 십자가에서 죽음으로 죄와 어둠의 권세와 마귀 사탄으로부터 우리를 구원해 주셨습니다.

이제 예수 그리스도께서 우리 안에 내주하심으로 그분이 친히 우리의 삶을 인도하십니다. 이 모든 일은 전적으로 하나님의 은혜와 자비로 이루어졌습니다. 이제 하나님께서는 우리에게 그분을 위해서 무엇인가를 드리도록 요구하십니다.

그렇다면 우리 하나님께서 우리에게 요구하시는 것은 무엇일까요?

사도 바울은 로마서 12장 1절에서 하나님께서 우리에게 요구하시는 것이 무엇인지 잘 설명하고 있습니다.

"그러므로 형제들아 내가 하나님의 모든 자비하심으로 너희를 권하노니 너희 몸을 하나님이 기뻐하시는 거룩한 산 제물로 드리라 이는 너희가 드릴 영적 예배니라"

하나님이 우리에게 요구하시는 것은 우리가 우리 자신을 하나님께 온전히 헌신하는 것입니다.

그렇다면 헌신이란 무엇일까요? 누가 헌신해야 할까요? 헌신의 동기가 무엇이며, 헌신의 방법이 무엇이며, 헌신의 결과가 무엇일까요?

1. 헌신이란 무엇일까요?

헌신이란 내 뜻이 아니라 그분의 뜻에 따라 행하시도록 나의 삶을 하나님께 드리는 것입니다. 헌신이란 나 자신의 몸을 '살아 있는 희생제물'로 하나님께 드리는 것입니다. 이 말씀은 우리의 몸을 죽여서 제단에 바치는 것이 아니라 우리 자신의 삶을 드리는 것을 말합니다. 바로 우리가 하나님의 영광을 위하여 살아가는 삶이 바로 헌신입니다.

사실 구약에서는 동물들을 죽여서 하나님께 드리는 제사 제도가 있었습니다. 특별히 속죄 제사는 우리의 죄를 속하기 위해서 동물들이 우리의 죄를 대신 짊어지고 희생제물로 대신 죽었습니다. 그런데 하나님께 드리는 제사 중에 죄와는 상관없이 감사함으로 드려지는 또 다른 제사가 있었는데 그것이 바로 번제였습니다.

레위기에는 다섯 가지 각기 다른 제사가 나옵니다.

이 다섯 가지 제사는 모두 십자가에서 성취된 일의 다양한 모습과 그 일을 행하신 예수님의 여러 영광스러운 모습을 보여 줍니다. 다섯 제사는 우선 피 흘림을 수반하는 번제, 화목제, 속죄제, 속건제가 있지만, 피 흘림이 없는 소제도 있습니다. 또 번제, 소제, 화목제와 같이 여호와께 향기로운 냄새가 나는 제물이 있고, 반면에 속죄제와 속건제에는 향기로운 냄새라는 언급이 전혀 없습니다. 레위기에 나오는 다섯 제사는 예수 그리스도께서 행하신 사역과 인자로서의 다양하고 경이로운 면모를 보여 줍니다.

그러므로 번제는 그리스도께서 십자가 위에서 이루신 일을 보여 줍니다. 예수님의 십자가로 말미암아 하나님 아버지는 한층 더 영광을 받으시게 되었습니다. 나무에 달려 돌아가신 우리 주 예수 그리스도의 희생을 통한 구원의 역사가 하나님께는 온전한 영광을 돌리는 것입니다. 번제는 예수 그리스도께서 하나님 아버지의 뜻을 행하기 위하여 그분의 삶을 하나님 아버지께 온전히 바치는 것을 나타냅니다. 그러므로 헌신이란 감사함으로 하나님께 우리의 삶을 드리는 것입니다.

2. 헌신은 누가 해야 할까요?

우리는 헌신을 생각할 때 목사나 선교사가 될 사람들이 하나님께 헌신하는 것으로 생각합니다. 하지만 헌신은 하나님의 사랑과 복음으로 구원받은 사람은 누구나 해야 합니다. 시편 40편은 그리스도인의 헌신을 노래한 것으로 예수 그리스도께서 우리를 위해 하신 일을 감사함으로 찬양하는 시입니다. 먼저 1절부터 5절은 우리 하나님께서 우리를 위해 행하신 일들을 소개합니다.

"내가 여호와를 기다리고 기다렸더니 귀를 기울이사 나의 부르짖음을 들으셨도다 나를 기가 막힐 웅덩이와 수렁에서 끌어올리시고 내 발을 반석 위에 두사 내 걸음을 견고하게 하셨도다 새 노래 곧 우리 하나님께 올릴 찬송을 내 입에 두셨으니 많은 사람이 보고 두려워하여 여호와를 의지하리로다 여호와를 의지하고 교만한 자와 거짓에 치우치는 자를 돌아보지 아니하는 자는 복이 있도다 여호와 나의 하나님이여 주께서 행하신 기적이 많고 우리를 향하신 주의 생각도 많아 누구도 주와 견줄 수가 없나이다 내가 널리 알려 말하고자 하나 너무 많아 그 수를 셀 수도 없나이다"

그러므로 헌신이란 하나님께서 우리를 위해 행하신 일들에 우리가 감동을 받아 그 사랑에 보답하기 위해 행하는 일들입니다. 우리는 기가 막힐 웅덩이와 깊은 수렁에 깊이 빠져 있었지만, 우리 하나님께서 우리를 구원하사 반석 위에 두시고 우리의 걸음을 견고하게 하심으로 이제 당당하게 인생길을 걸어가게 하셨습니다.

우리 하나님께서 우리를 구원하시기 위해 행하신 기적이 너무도 많고 우리를 향하신 생각도 너무도 많아 그 수를 셀 수도 없을 정도입니다. 그리고 그분이 새 노래를 부를 수 있도록 새 노래를 주셨고, 하나님께 올릴 찬송을 우리 입술에 두셨습니다.

그런데 6절에 보면, 이렇게 놀라운 일을 우리를 위해 행하신 주님께서 우리에게 말씀하십니다.

"주께서 내 귀를 통하여 내게 들려 주시기를 제사와 예물을 기뻐하지 아니하시며 번제와 속죄제를 요구하지 아니하신다 하신지라"

하나님께서는 제사와 예물을 기뻐하지 아니하시며 번제와 속죄제도 요구하시는 것이 아니라고 아주 분명하게 말씀하셨습니다. 그렇다면 우리 주님께서 우리에게 원하시고 요구하시는 것이 무엇일까요? 바로 다른 것이 아니라 우리 자신을 요구하시고 우리 자신을 원하시는 것입니다. 우리의 삶과 시간과 재능을 원하시는 것입니다. 그러므로 헌신이란 다른 어떤 것을 드리는 것이 아니라 우리 자신을 드리는 것입니다. 그래서 우리가 이러한 사실을 깨닫고 7절부터 10절에서 주님께 이렇게 대답합니다.

"그 때에 내가 말하기를 내가 왔나이다 나를 가리켜 기록한 것이 두루마리 책에 있나이다 나의 하나님이여 내가 주의 뜻 행하기를 즐기오니 주의 법이 나의 심중에 있나이다 하였나이다 내가 많은 회중 가운데에서 의의 기쁜 소식을 전하였나이다 여호와여 내가 내 입술을 닫지 아니할 줄을 주께서 아시나이다 내가 주의 공의를 내 심중에 숨기지 아니하고 주의 성실과 구원을 선포하였으며 내가 주의 인자와 진리를 많은 회중 가운데에서 감추지 아니하였나이다"

"하나님, 하나님의 사랑을 깨달은 내가 왔습니다. 내가 주님의 뜻을 행하기를 즐거워합니다. 이제 내가 해야 할 일을 알았습니다. 나는 이제 의의 기쁜 소식을 전하겠습니다."

여기서 의의 기쁜 소식이 무엇일까요? 죄인이 의인으로 거듭날 수 있는 복음이 바로 의의 기쁜 소식입니다. 이 복음은 우리 하나님께서 십자가를 통하여 완성하셨습니다. 그러므로 우리는 이 놀라운 복음을 전하는 것입니다. 우리의 입술을 닫지 아니하고 입을 크게 벌려 복음을 선포하는 것입니다. 주님의 성실과 구원을 선포하는 것입니다. 주님의 인자와 진리를 감추지 않고 전하는 것입니다. 이것이 바로 우리 그리스도인의 헌신입니다. 그러므로 하나님의 사랑과 복음으로 구원받은 모든 그리스도인은 누구나 하나님께 헌신해야 합니다.

3. 헌신해야 하는 이유가 무엇일까요?

우리 그리스도인이 하나님께 헌신해야 하는 이유는 우리 그리스도인이 하나님의 소유가 되었기 때문입니다. 사도 바울은 고린도전서 6장 19절과 20절, 로마서 14장 8절에서 우리가 하나님의 소유가 된 이유를 아주 분명하게 말씀합니다.

> "너희 몸은 너희가 하나님께로부터 받은 바 너희 가운데 계신 성령의 전인 줄을 알지 못하느냐 너희는 너희 자신의 것이 아니라 값으로 산 것이 되었으니 그런즉 너희 몸으로 하나님께 영광을 돌리라, 우리가 살아도 주를 위하여 살고 죽어도 주를 위하여 죽나니 그러므로 사나 죽으나 우리가 주의 것이로다"

여기서 우리가 하나님의 소유가 된 이유는 예수 그리스도의 피로 값을 지불하고 우리를 사셨기 때문이라고 말씀합니다. 우리는 주님의 소유가 되었기 때문에 살아도 주를 위하여 살고 죽어도 주를 위하여 죽어야 한다고 말씀합니다. 그리고 사도 베드로는 베드로전서 1장 18절과 19절에서 우리 예수님께서 우리를 소유하기 위해서 보배로운 피를 흘려 주셨다고 말씀합니다.

> "너희가 알거니와 너희 조상이 물려 준 헛된 행실에서 대속함을 받은 것은 은이나 금 같이 없어질 것으로 된 것이 아니요 오직 흠 없고 점 없는 어린 양 같은 그리스도의 보배로운 피로 된 것이니라"

그러므로 우리 그리스도인은 우리의 주인이신 그리스도께 속해 있습니다. 우리 그리스도인이 우리의 삶을 그분께 드리는 것은 당연한 일입니다. 헌신이란 예수 그리스도의 소유권을 인정하고 우리의 몸을 삶의 헌신으로 드리는 것입니다. 우리 그리스도인은 이미 하나님께 바쳐진 사람들입니다. 그래서 헌신의 히브리어 의미는 '바쳐진 것'이란 뜻으로 하나님께 바쳐진 것은 사람이나 물건이나 일상적인 목적으로 사용하지 못하는 것을 의미합니다. 하나님께 구별되어 바쳐진 모든 것은 '거룩'하기 때문입니다. 그러므로 하나님께 바쳐진 모든 것은 사람이나 물건이나 다른 것과 구별해서 하나님께 드려야 했습니다.

그러므로 구약에서 거룩하게 구별된 안식일이 있었습니다.

> "하나님이 그 일곱째 날을 복되게 하사 거룩하게 하셨으니 이는 하나님이 그 창조하시며 만드시던 모든 일을 마치시고 그 날에 안식하셨음이니라"(창 2:3)

하나님은 안식일을 복되게 하사 거룩하게 구별하셨습니다.

이스라엘 백성 가운데 태에서 처음 난 모든 것도 구별되었습니다.

> "이스라엘 자손 중에서 사람이나 짐승을 막론하고 태에서 처음 난 모든 것은 다 거룩히 구별하여 내게 돌리라 이는 내 것이니라 하시니라"(출 13:2)

여기서 '사람이나 짐승을 막론하고 태에서 처음 난 모든 것은 다 거룩히 구별하여 내게 돌리라'라고 말씀하십니다. 하나님께 온전히 바친 모든 것도 구별되었습니다.

> "어떤 사람이 자기 소유 중에서 오직 여호와께 온전히 바친 모든 것은 사람이든지 가축이든지 기업의 밭이든지 팔지도 못하고 무르지도 못하나니 바친 것은 다 여호와께 지극히 거룩함이며 온전히 바쳐진 그 사람은 다시 무르지 못하나니 반드시 죽일지니라"(레 27:28)

여기서 하나님께 온전히 바친 것은 무엇이든지 팔지도 못하고 무르지도 못하고 다 여호와께 드려야 했습니다. 성전에 있는 모든 것도 구별되었습니다.

> "그것으로 거룩한 관유를 만들되 향을 제조하는 법대로 향기름을 만들지니 그것이 거룩한 관유가 될지라 너는 그것을 회막과 증거궤에 바르고 상과 그 모든 기구이며 등잔대와 그 기구이며 분향단과 및 번제단과 그 모든 기구와 물두멍과 그 받침에 발라 그것들을 지극히 거룩한 것으로 구별하라 이것에 접촉하는 것은 모두 거룩하리라 너는 아론과 그의 아들들에게 기름을 발라 그들을 거룩하게 하고 그들이 내게 제사장 직분을 행하게 하고"(출 30:25-30)

그러므로 성전에 있는 모든 것은 거룩히 구별되어서 사람을 위해 만들 수가 없었습니다. 레위인들도 구별되었습니다. 그들은 모든 이스라엘의 장자를 대신하여 하나님께서 택하셔서 온전히 성막과 관련된 일만 하도록 구별되었습니다.

> "보라 내가 이스라엘 자손 중에서 레위인을 택하여 이스라엘 자손 중에 태를 열어 태어난 모든 자를 대신하게 하였은즉 레위인은 내 것이라 처음 태어난 자는 다 내 것임은 내가 애굽 땅에서 그 처음 태어난 자를 다 죽이던 날에 이스라엘의 처음 태어난 자는 사람이나 짐승을 다 거룩하게 구별하였음이니 그들은 내 것이 될 것임이니라 나는 여호와이니라"(민 3:12)

나실인은 하나님께 특별한 서원을 한 사람으로 자기 몸을 구별하여 서원한 기간에 하나님께 드려진 사람이었습니다.

> "이스라엘 자손에게 전하여 그들에게 이르라 남자나 여자가 특별한 서원 곧 나실인의 서원을 하고 자기 몸을 구별하여 여호와께 드리려고 하면"(민 6:2)

하나님께 부름을 받은 모든 이스라엘 백성들도 구별되었습니다.

> "너희는 나에게 거룩할지어다 이는 나 여호와가 거룩하고 내가 또 너희를 나의 소유로 삼으려고 너희를 만민 중에서 구별하였음이니라"(레 20:26)

그러므로 구원받은 우리 모든 그리스도인도 하나님께 거룩히 구별되어 하나님의 소유가 된 백성들입니다.

> "그러나 너희는 택하신 족속이요 왕 같은 제사장들이요 거룩한 나라요 그의 소유가 된 백성이니 이는 너희를 어두운 데서 불러 내어 그의 기이한 빛

에 들어가게 하신 이의 아름다운 덕을 선포하게 하려 하심이라"(벧전 2:9)

그러므로 우리는 하나님의 소유된 백성으로 우리를 어두운 데서 불러 내어 하나님의 기이한 빛에 들어가게 하신 그분의 아름다운 덕을 선포하고 알리기 위해서 하나님께 헌신해야 합니다.

그리고 우리가 헌신하는 이유는 하나님의 사랑 때문입니다. 그러므로 헌신의 동기 중에 법적인 동기가 있고, 정적인 동기가 있습니다. 여기서 법적인 동기는 우리가 하나님의 소유가 되었기 때문에 당연히 헌신하는 것이 헌신의 법적인 동기입니다. 그러나 헌신의 정적인 동기는 하나님의 사랑 때문에 하나님께 헌신하는 것입니다. 그러므로 사도 바울은 고린도후서 5장 14절과 15절에서 그리스도의 사랑이 우리를 강하게 권면하여 우리 자신을 위해 살지 않고 오직 우리를 대신하여 십자가에서 죽었다가 다시 살아나신 예수 그리스도를 위하여 살게 한다고 말씀합니다.

> "그리스도의 사랑이 우리를 강권하시는도다 우리가 생각하건대 한 사람이 모든 사람을 대신하여 죽었은즉 모든 사람이 죽은 것이라 그가 모든 사람을 대신하여 죽으심은 살아 있는 자들로 하여금 다시는 그들 자신을 위하여 살지 않고 오직 그들을 대신하여 죽었다가 다시 살아나신 이를 위하여 살게 하려 함이라"

그러므로 헌신이란 하나님의 사랑을 깨달은 사람이 자신도 자발적으로 하나님을 사랑하는 것을 몸으로 표현하는 것입니다. 헌신은 사랑의 고백이요 사랑의 행동입니다.

4. 헌신의 방법은 무엇일까요?

우리는 어떻게 우리 몸을 하나님께 드리는 헌신을 할 수 있을까요? 사도 바울이 헌신에 대해 강조한 로마서 12장 1절과 2절을 살펴보면 헌신은 하나님의 뜻을 분별하는 것과 아주 밀접하게 연관되어 있습니다.

> "그러므로 형제들아 내가 하나님의 모든 자비하심으로 너희를 권하노니 너희 몸을 하나님이 기뻐하시는 거룩한 산 제물로 드리라 이는 너희가 드릴 영적 예배니라 너희는 이 세대를 본받지 말고 오직 마음을 새롭게 함으로 변화를 받아 하나님의 선하시고 기뻐하시고 온전하신 뜻이 무엇인지 분별하도록 하라"

여기서 헌신이란 우리의 뜻이 아니라 하나님께서 그분의 뜻대로 행하시도록 우리의 몸과 삶을 드리는 것이기 때문입니다. 헌신의 참된 의미를 알려주는 번제에서도 참된 번제란 예수 그리스도께서 하나님의 뜻을 행하기 위해서 그분의 몸을 하나님께 받치신 것이라는 것을 알 수 있습니다. 그러므로 우리의 몸을 헌신하는 것은 우리가 목사가 되거나 선교사가 되는 것이 아니라 우리가 어디에 있든지 가정에서나 직장에서나 교회에서나 하나님께서 보내신 바로 그곳에서 하나님의 뜻대로 행하도록 우리의 삶을 드리는 것입니다.

그러므로 헌신의 참된 목적은 하나님의 뜻이 우리의 삶 속에서 이루어지도록 하는 것입니다. 이처럼 하나님의 뜻이 이루어지려면 우리의 육신의 자아가 죽어야 합니다.

헌신이란 로마서 6장 13절 말씀처럼 우리의 몸을 불의의 무기로 죄에게 내주지 말고 오직 우리 자신을 죽은 자 가운데서 다시 살아난 자 같이 하나님께 드리며 우리 몸을 의의 무기로 하나님께 드리는 것입니다. 우리는 육신의 자아가 죽은 자 가운데서 다시 새롭게 살아난 자 같이 하나님께 헌신해야 합니다.

그러므로 우리 삶의 진정한 성공은 우리의 뜻이 이루어지는 것이 아니라 하나님의 뜻대로 이루어지는 것입니다.

그리고 우리 삶의 진정한 행복은 우리가 우리 삶을 위한 하나님의 뜻을 발견하고 하나님의 뜻대로 살아갈 때 오는 것입니다.

결국 우리의 삶의 마지막에서 우리 주인이신 그리스도로부터 "잘하였도다 착하고 충성된 종아 네가 적은 일에 충성하였으매 내가 많은 것을 네게 맡기리니 네 주인의 즐거움에 참여할지어다"(마 25:21)라는 칭찬을 받게 될 것입니다.

참된 헌신이란 무엇일까요?
우리는 어떻게 하나님께 헌신할 수 있을까요?

그리스도인의 상급

많은 사람이 교회를 다니고 신앙생활을 하는 이유가 무엇일까요?

첫째로 어떤 사람은 구원을 받기 위해서 신앙생활을 합니다.

이들은 구원을 받기 위해서 열심히 노력하며 교회를 다니고 있습니다.

둘째로 어떤 사람은 종교적인 생활로 신앙생활을 합니다.

이들은 천국은 관심이 없고, 그저 마음이나 달래보려고 그냥 그렇게 신앙생활을 합니다.

셋째로 참된 신앙인은 하늘의 상급을 위해서 신앙생활을 합니다.

이 3가지 중에서 구원받은 우리가 추구해야 할 내용은 바로 세 번째입니다. 우리는 이미 구원을 받았기 때문에 이제 하늘의 상급을 위해서 신앙생활을 해야 합니다. 첫 번째와 두 번째는 그냥 종교인으로 종교 생활을 하는 것이지 아직 그리스도인이 된 것은 아닙니다.

그러므로 우리 그리스도인은 하늘의 상급을 위해서 열정적으로 신앙생활을 해야 합니다. 우리는 이미 하나님의 은혜로 구원은 받았습니다. 그러므로 천국에 들어갈 자격을 얻기 위해서 신앙생활을 하는 것이 아니라 이미 구원을 받았기 때문에 이제 보다 더 높은 차원의 하나님의 영광을 위해서 그리고 세계 복음화를 위해서 그리고 하늘의 상급을 위해서 신앙생활을 해야 합니다.

그렇다면 우리는 어떻게 하늘의 상급을 얻을 수 있을까요?

1. 그리스도의 심판대가 있다는 것을 알아야 합니다.

우리 하나님께서는 모든 사람을 심판하십니다. 그래서 히브리서 기자는 히브리서 9장 27절에서 "한번 죽는 것은 사람에게 정해진 것이요 그 후에는 심판이 있으리니"라고 말씀하셨습니다. 하지만 우리가 이미 예수 그리스도의 복음을 믿고 구원을 받았다면 우리의 죄는 모두 십자가에서 이미 심판을 받았기 때문에 죄의 형벌에 관한 심판은 두려워할 필요가 없습니다.

그러므로 '그리스도의 심판대'란 마치 올림픽 시상대처럼 그리스도인이 구원받은 후 신앙생활에서 예수 그리스도께 봉사한 것에 대한 시상대입니다.

그래서 바울은 고린도후서 5장 10절과 로마서 14장 10절에서 "이는 우리가 다 반드시 그리스도의 심판대 앞에 나타나게 되어 각각 선악간에 그 몸으로 행한 것을 따라 받으려 함이라, 네가 어찌하여 네 형제를 비판하느냐 어찌하여 네 형제를 업신여기느냐 우리가 다 하나님의 심판대 앞에 서리라"라고 말씀합니다.

그렇다면 우리는 어떻게 하늘의 상급을 얻을 수 있을까요?

2. 하나님을 하늘의 상급을 주시는 분으로 믿어야 합니다.

> "믿음이 없이는 하나님을 기쁘시게 하지 못하나니 하나님께 나아가는 자는 반드시 그가 계신 것과 또한 그가 자기를 찾는 자들에게 상 주시는 이심을 믿어야 할지니라"(히 11:6)

여기서 우리 하나님은 어떤 분이실까요?

우리 하나님은 우리를 위해서 하늘의 상급을 준비한 분이시며, 그분이 친히 우리에게 상급을 주시는 분이십니다. 그러므로 우리는 하나님을 우리에게 하늘의 상을 주시는 분으로 믿어야 합니다.

우리가 하나님을 상을 주시는 분으로 믿어야 열심히 신앙생활을 할 수 있기 때문입니다. 우리가 하나님을 상주시는 분으로 믿으면 우리가 사람을 의식하지 않고 하나님을 위해서 열심히 일할 수 있습니다. 다른 사람이 보상해주지 않아도 마음에 상처를 받지 않습니다. 왜냐하면 하나님이 하늘의 상급으로 보상해주실 것을 믿기 때문입니다.

하나님을 우리에게 하늘의 상을 주시는 분으로 믿으면 우리가 교회에서 봉사하면서도 문제를 일으키지 않습니다. 그리고 하나님의 사역을 하면서도 지치지 않고, 낙심하지 않고, 포기하지 않고 열심히 달려갈 수 있습니다.

사도 바울은 하나님을 자신에게 하늘의 상을 주시는 분으로 믿었습니다. 그러므로 바울은 빌립보서 3장 12절부터 14절에서 "내가 이미 얻었다 함도 아니요 온전히 이루었다 함도 아니라 오직 내가 그리스도 예수께 잡힌 바 된 그것을 잡으려고 달려가노라 형제들아 나는 아직 내가 잡은 줄로 여기지 아니하고 오직 한 일 즉 뒤에 있는 것은 잊어버리고 앞에 있는 것을 잡으려고 푯대를 향하여 그리스도 예수 안에서 하나님이 위에서 부르신 부름의 상을 위하여 달려가노라"라고 고백합니다.

우리는 여기서 바울의 삶의 목적이 무엇인지 발견할 수 있습니다. 바울의 삶의 목적은 하나님께서 예비하신 하늘의 상급을 받는 것이었습니다. 그러므로 바울은 인생을 넓게 생각했습니다.

다시 말해서 우리의 인생이란 이 세상 삶이 모두가 아니라는 것입니다. 적어도 우리가 구원받은 하나님의 자녀라면 이 땅에서의 삶이 모두가 아니라는 것을 알아야 합니다. 언젠가 하늘나라에 들어갈 때 하나님 앞에서 우리의 삶을 정리하고 하늘의 상급을 받을 때가 있다는 것을 알아야 합니다.

그러므로 우리도 바울처럼 하늘의 상급을 바라보고 살아야 합니다. 바울은 이 일을 위해서 최선을 다하여 인생을 살았습니다. 그는 푯대를 향하여 달려가는 삶을 살았습니다. 여기서 푯대란 우리가 바라볼 목표를 기둥으로 세우는 것을 말합니다. 그러므로 달려가되 정확한 골인 지점을 바라보고 달려가야 하는데 우리의 골인 지점은 하늘의 상급입니다. 그러므로 우리도 하나님이 예비하신 하늘의 상급을 얻기 위하여 최선을 다하여 달려가는 삶을 살아야 합니다.

바울이 노년에 무엇이라 고백하고 있을까요? 그는 노년에 자신의 인생을 정리하면서 자신이 상급을 위해서 열심히 노력했기 때문에 하나님이 자신에게 분명히 상을 주신다고 고백합니다. 그는 의로우신 재판장이 자신에게 반드시 의의 면류관을 주신다고 확신했습니다.

> "나는 선한 싸움을 싸우고 나의 달려갈 길을 마치고 믿음을 지켰으니 이제 후로는 나를 위하여 의의 면류관이 예비되었으므로 주 곧 의로우신 재판장이 그 날에 내게 주실 것이며 내게만 아니라 주의 나타나심을 사모하는 모든 자에게도니라"(딤후 4:7-8)

그러므로 우리도 하나님을 하늘의 상을 주시는 분으로 믿어야 합니다. 그분은 의로운 재판자이시기 때문에 하나님과 교회를 위해서 열심히 노력한 사람에게 반드시 하늘의 상을 주십니다.

그렇다면 우리는 어떻게 하늘의 상급을 얻을 수 있을까요?

3. 하나님이 하늘의 상급을 준비해 놓으셨다는 것을 믿어야 합니다.

> "푯대를 향하여 그리스도 예수 안에서 하나님이 위에서 부르신 부름의 상을

위하여 달려가노라"(빌 3:14)

사도 바울은 여기서 하나님께서 하늘의 상급을 예비해 놓으셨다고 말씀합니다. 그러므로 우리 하나님은 우리를 위해서 하늘에 상급을 예비해 놓으셨습니다. 바울은 그것을 "하나님이 위에서 부르신 부름의 상"이라고 소개합니다. 그러므로 우리는 하늘의 상급에 관심을 가져야 합니다. 하나님께서 우리를 위해서 상급을 준비하셨는데 우리가 상급을 의식하지 않는다면 그것은 잘못된 신앙의 태도입니다. 하나님이 친히 준비하신 상급이기 때문에 너무나 귀하고 놀라운 상급입니다.

하나님이 준비하신 다섯 가지 면류관이 있습니다.

1) 의의 면류관입니다.

예수 그리스도의 나타남을 사모하는 모든 사람에게 주어집니다.

> "나는 선한 싸움을 싸우고 나의 달려갈 길을 마치고 믿음을 지켰으니 이제 후로는 나를 위하여 의의 면류관이 예비되었으므로 주 곧 의로우신 재판장이 그 날에 내게 주실 것이며 내게만 아니라 주의 나타나심을 사모하는 모든 자에게도니라"(딤후 4:7-8)

성경은 "아멘 주 예수여 오시옵소서"(계 22:20)로 마칩니다. 그러므로 우리를 지배하는 최우선적인 갈망은 항상 주님이 나타나시는 주의 재림이 되어야 합니다.

2) 생명의 면류관입니다. 순교자가 받는 면류관입니다.

"너는 장차 받을 고난을 두려워하지 말라 볼지어다 마귀가 장차 너희 가운데에서 몇 사람을 옥에 던져 시험을 받게 하리니 너희가 십 일 동안 환난을 받으리라 네가 죽도록 충성하라 그리하면 내가 생명의 관을 네게 주리라"(계 2:10)

특별히 이 면류관은 시험을 참는 자에게도 주어집니다. 시험을 참는 것은 자신의 육신적 자아가 죽은 것으로 여겨야 시험을 참고 승리할 수 있기 때문입니다.

"시험을 참는 자는 복이 있나니 이는 시련을 견디어 낸 자가 주께서 자기를 사랑하는 자들에게 약속하신 생명의 면류관을 얻을 것이기 때문이라"(약 1:12)

3) 썩지 않는 면류관입니다. 절제하는 사람이나 온유한 사람이 받습니다.

"이기기를 다투는 자마다 모든 일에 절제하나니 그들은 썩을 승리자의 관을 얻고자 하되 우리는 썩지 아니할 것을 얻고자 하노라"(고전 9:25)

4) 기쁨의 면류관입니다. 영혼을 구원하고 양육한 사람이 받습니다.

"우리의 소망이나 기쁨이나 자랑의 면류관이 무엇이냐 그가 강림하실 때 우리 주 예수 앞에 너희가 아니냐"(살전 2:19)

사람들을 예수 그리스도께 인도한 자들에게 주어집니다. 특별히 잃어버린 영혼이 구원받게 되면 하늘에 큰 기쁨이 되기 때문입니다.

"내가 너희에게 이르노니 이와 같이 죄인 한 사람이 회개하면 하늘에서는 회개할 것 없는 의인 아흔아홉으로 말미암아 기뻐하는 것보다 더하리라"(눅 15:7)

5) 영광의 면류관입니다. 하나님의 말씀으로 목양한 목사나 목자들에게 주어집니다.

"그리하면 목자장이 나타나실 때에 시들지 아니하는 영광의 관을 얻으리라"(벧전 5:4)

우리 모든 그리스도인은 하나님의 말씀으로 다른 사람을 가르칠 수 있습니다. 그러므로 바울은 에베소서 4장 11절과 12절에서 모든 그리스도인이 교회를 세우는 사역인 봉사의 일을 하여야 한다고 강조합니다. 그러므로 여기 다섯 가지 면류관이 하나님이 예비하신 하늘의 상급입니다.

이 세상에서도 많은 상의 제도가 있어 올림픽에서 승리한 사람에게 아름답고 영광스러운 금메달을 수여합니다. 방송국에서도 방송을 잘한 사람에게 상을 주는 시상이 있습니다.

하지만 이 세상의 상이 아무리 아름다워도 하나님이 주시는 하늘의 상과 비교할 수 없습니다. 인간의 말로 다 표현할 수 없는 아름답고 귀한 상이 준비되어 있습니다. 하나님이 친히 신앙생활을 잘한 사람에게 영광의 면류관, 생명의 면류관, 의의 면류관, 자랑의 면류관, 썩지 않을 면류관을 주십니다. 그리고 하나님이 준비하신 상은 영원한 상입니다. 잠깐 인정받고 사라지는 그런 상이 아닙니다.

그러므로 우리도 하나님이 하늘의 상을 준비해 놓으신 것을 믿어야 합니다. 그리고 하늘의 상급을 바라보며 살아야 합니다. 바울은 하나님이 준비한 하늘의 영원한 상을 바라보고 살았습니다.

> "우리가 주목하는 것은 보이는 것이 아니요 보이지 않는 것이니 보이는 것은 잠깐이요 보이지 않는 것은 영원함이라"(고후 4:18)

바울이 열심히 신앙생활을 한 이유가 무엇일까요?
그는 결혼도 하지 않고 세계 여러 지역에 돌아다니며
어려움 속에서도 복음을 전하고 교회를 세운 이유가 무엇일까요?
바울이 경험했던 어려움은 이루 말로다 표현할 수 없는데
그는 고린도후서 11장 23절부터 27절에서 이렇게 말합니다.

> "그들이 그리스도의 일꾼이냐 정신 없는 말을 하거니와 나는 더욱 그러하도다 내가 수고를 넘치도록 하고 옥에 갇히기도 더 많이 하고 매도 수없이 맞고 여러 번 죽을 뻔하였으니 유대인들에게 사십에서 하나 감한 매를 다섯 번 맞았으며 세 번 태장으로 맞고 한 번 돌로 맞고 세 번 파선하고 일 주야를 깊은 바다에서 지냈으며 여러 번 여행하면서 강의 위험과 강도의 위험과 동족의 위험과 이방인의 위험과 시내의 위험과 광야의 위험과 바다의 위험과 거짓 형제 중의 위험을 당하고 또 수고하며 애쓰고 여러 번 자지 못하고 주리며 목마르고 여러 번 굶고 춥고 헐벗었노라"

하지만 바울이 수많은 어려움 속에서도 굴하지 않고 신앙생활을 열심히 했던 이유는 오직 하늘의 상급을 위하여 달려갔기 때문입니다.

바울은 자나 깨나 언제나 하늘의 상급을 의식하며 살았습니다.

바울은 오직 하나의 목표를 향하여 달려갔습니다.

> "내가 이미 얻었다 함도 아니요 온전히 이루었다 함도 아니라 오직 내가 그리스도 예수께 잡힌 바된 그것을 잡으려고 달려가노라 형제들아 나는 아직 내가 잡은 줄로 여기지 아니하고 오직 한 일 즉 뒤에 있는 것은 잊어버리고 앞에 있는 것을 잡으려고 푯대를 향하여 그리스도 예수 안에서 하나님이 위에서 부르신 부름의 상을 위하여 달려가노라"(빌 3:12-14)

바울이 교회 안에서 하나님의 말씀을 부지런히 가르치고 양육한 이유도 오직 하나님이 예비한 자랑의 면류관을 상으로 받기 위해서입니다.

> "우리의 소망이나 기쁨이나 자랑의 면류관이 무엇이냐 그가 강림하실 때 우리 주 예수 앞에 너희가 아니냐 너희는 우리의 영광이요 기쁨이니라 (살전 2:19-20)

바울이 고린도전서 9장 18절부터 22절에서 자기를 주장하지 않고 모든 권리를 포기하고 모든 사람을 섬겼던 이유도 하늘의 상을 얻기 위해서 했던 것입니다.

> "그런즉 내 상이 무엇이냐 내가 복음을 전할 때에 값없이 전하고 복음으로 말미암아 내게 있는 권리를 다 쓰지 아니하는 이것이로다 내가 모든 사람에게서 자유로우나 스스로 모든 사람에게 종이 된 것은 더 많은 사람을 얻고자 함이라 유대인들에게 내가 유대인과 같이 된 것은 유대인들을 얻고자 함이요 율법 아래에 있는 자들에게는 내가 율법 아래에 있지 아니하나 율법 아

래에 있는 자 같이 된 것은 율법 아래에 있는 자들을 얻고자 함이요 율법 없는 자에게는 내가 하나님께는 율법 없는 자가 아니요 도리어 그리스도의 율법 아래에 있는 자이나 율법 없는 자와 같이 된 것은 율법 없는 자들을 얻고자 함이라 약한 자들에게 내가 약한 자와 같이 된 것은 약한 자들을 얻고자 함이요 내가 여러 사람에게 여러 모습이 된 것은 아무쪼록 몇 사람이라도 구원하고자 함이니"

바울은 여기서 자신이 받을 상을 자랑하고 있습니다.

그리고 자신이 어떻게 해서 상을 받게 되는지를 정확하게 밝히고 있습니다. 바울은 복음을 전할 때 값없이 전했기 때문에 상을 받는다고 말합니다. 바울은 자신의 모든 권리를 다 포기하고 내려놓았기 때문에 상을 받는다고 말합니다. 그리고 바울은 고린도전서 9장 23절부터 27절에서 우리 그리스도인들에게 하늘의 상을 향하여 달려가라고 강하게 도전합니다.

그렇다면 우리는 어떻게 하늘의 상급을 얻을 수 있을까요?

4. 하늘의 상급을 받겠다는 분명한 목표가 있어야 합니다.

사도 바울은 그리스도인의 신앙생활을 여러 가지 경기하는 것으로 비유합니다. 왜냐하면 그 당시 고린도 도시에서는 다양한 운동경기가 열리곤 했기 때문입니다. 특히 네 종류의 경기가 벌어졌는데 마라톤과 권투와 레슬링과 맹수와 싸우는 것이었습니다. 바울은 고린도전서 9장에서 마라톤의 목표가 중요함을 설명합니다. 마라톤의 목표는 1등으로 요즘으로 말하면 올림픽 경기에서 금메달을 따는 것입니다.

그러므로 최종 목적지인 골인 지점을 명확하게 해야 합니다. 그래서 바울은 고린도전서 9장 26절에서 "그러므로 내가 달음질하기를 향방 없는 것같이 아니하고 싸우기를 허공을 치는 것같이 아니하여"라고 말합니다.

그러므로 분명한 목적지를 정하지 않고 열심히 뛰어봤자 아무런 소용이 없습니다. 바울이 말한 대로 권투선수가 목표물을 타격하지 못하고 허공만 친다면 결코 승리할 수 없습니다.

그러므로 우리도 하늘의 상을 위한 분명한 목표를 정해야 합니다.
우리의 목표는 우리의 삶을 통하여 세계를 복음화하고 주님의 지상 사명을 성취하며 이 땅에 하나님의 영광을 드러내는 것입니다.

이 일을 위해서 중간 목표도 정하고 그것을 달성하기 위해서 최선을 다하고 열심히 노력해야 합니다.

바울의 목표는 첫째는 영혼을 구령하는 것이었고, 둘째는 영혼을 세우는 것이었고, 셋째는 하나님을 영화롭게 하는 것이었습니다.

그러므로 우리는 하늘의 상급을 얻겠다는 분명한 마음가짐이 있어야 합니다. 바울은 24절에서 "너희도 상을 받도록 이와 같이 달음질하라"라고 부탁합니다. 다시 말해서 상급에 관심을 가지고 살아가라는 것입니다. 우리가 얻을 상급은 바로 면류관입니다. 여기에 언급된 면류관은 기쁨의 면류관이요, 썩지 않는 면류관이요, 승리의 면류관이요, 생명의 면류관입니다. 그런데 이러한 면류관은 아무나 받는 것이 아닙니다.

그러면 누가 이러한 면류관을 받을까요?
바로 자신을 절제하고 훈련한 사람이 받습니다.

그러므로 우리는 자기 자신과 세상의 유혹과 끊임없이 싸우면서 나아가야 합니다. 우리는 무엇보다도 절제하는 삶을 살아야 합니다. 그래서 바울은 고린도전서 9장 25절에서 "이기기를 다투는 자마다 모든 일에 절제하나니 그들은 썩을 승리자의 관을 얻고자 하되 우리는 썩지 아니할 것을 얻고자 하노라"라고 말합니다.

그렇다면 절제란 무엇을 의미할까요?
절제란 그냥 음식을 절제해서 적게 먹는 것과 검소하게 사는 것일까요? 사실 절제란 한마디로 말해서 훈련이 된 것을 말합니다. 절제란 자기 몸을 쳐서 복종하게 하는 것입니다. 운동선수가 경기에서 승리하려면 음식이나, 오락이나 수면에서 절제함으로 경기에 합당한 몸을 만드는 것입니다. 고린도 도시에서도 오늘날 올림픽 경기가 정해지는 것처럼 경기가 정해지면 거의 10개월 동안 다른 것들을 절제하면서 훈련을 했습니다.

그러므로 절제란 최선을 위해서 자신에게 있는 여러 가지 좋은 것들을 포기하는 것입니다. 오직 승리하기 위해서 그리고 면류관을 받기 위해서 어떤 부분에 '아니요'라고 거절하는 것입니다. 이것은 결코 쉬운 일이 아닙니다. 이것은 권투선수가 상대방의 몸을 치는 것처럼 자신이 자신의 몸을 쳐서 복종시키는 것입니다. 그러므로 우리 그리스도인이 훈련되어 있지 않으면 결코 승리할 수 없고 상을 받을 수도 없습니다.

그래서 바울은 고린도전서 9장 27절에서 본인이 버림을 받을까 두려워했다고 말합니다.

> "내가 내 몸을 쳐 복종하게 함은 내가 남에게 전파한 후에 자신이 도리어 버림을 당할까 두려워함이로다"

여기서 바울이 말하는 것은 구원을 잃을 것을 두려워한 것이 아니라 상을 받는 일에 불합격자가 될까 봐 두려워했던 것입니다.
'인정함을 받지 못할까 봐, 자격을 잃을까 봐' 두려워했습니다.
그러므로 바울은 그만큼 하늘의 상급에 관심을 가지고 살았습니다.
그렇다면 우리는 어떻게 하늘의 상급을 얻을 수 있을까요?

5. 하늘의 상급의 기준을 바로 알아야 합니다.

1) 하나님은 선한 동기로 봉사하는 사람에게 상급을 주십니다.

"그러므로 때가 이르기 전 곧 주께서 오시기까지 아무 것도 판단하지 말라 그가 어둠에 감추인 것들을 드러내고 마음의 뜻을 나타내시리니 그 때에 각 사람에게 하나님으로부터 칭찬이 있으리라"(고전 4:5)

여기에 등장하는 '마음의 뜻'은 선한 동기를 말합니다. 어떤 행동보다 마음의 태도가 더욱 중요합니다. 그러므로 하나님은 선한 동기로 일한 사람에게 상급을 주십니다.

"사람에게 보이려고 그들 앞에서 너희 의를 행하지 않도록 주의하라 그리하지 아니하면 하늘에 계신 너희 아버지께 상을 받지 못하느니라"(마 6:1)

우리 인간은 대부분 눈에 보이는 물질적인 것을 바라보며 추구하지만, 우리 하나님께서는 눈에 보이지 않는 마음의 숨은 동기와 영적인 것들을 바라보시는 분이십니다. 우리는 밖으로 보인 것만으로 판단하는 어리석음을 범하지 말아야 합니다. 많은 사람이 단지 외모만 그리스도인으로 보입니다.

"예수께서 이르시되 너희는 사람 앞에서 스스로 옳다 하는 자들이나 너희 마음을 하나님께서 아시나니 사람 중에 높임을 받는 그것은 하나님 앞에 미움을 받는 것이니라"(눅 16:15)

그러므로 우리가 하나님께 상급을 받으려면 우리의 관점이 물질적인 것을 떠나 영적인 것에 관심을 두고 하나님이 위에서 예비한 하늘의 상급을 바라보고 살아야 합니다.

2) 하나님은 예수 이름으로 봉사하는 사람에게 하늘의 상급을 주십니다.

"만일 누가 말하려면 하나님의 말씀을 하는 것 같이 하고 누가 봉사하려면 하나님이 공급하시는 힘으로 하는 것 같이 하라 이는 범사에 예수 그리스도로 말미암아 하나님이 영광을 받으시게 하려 함이니 그에게 영광과 권능이 세세에 무궁하도록 있느니라 아멘"(벧전 4:11)

그러므로 우리가 봉사하면서 이렇게 말해야 합니다. "하나님께서 나를 통해서 당신에게 봉사하게 합니다." 예수 이름으로 봉사하는 사람은 하나님께 영광을 돌립니다. 만약 우리가 우리의 이름으로 봉사를 하면 우리가 이미 영광을 얻습니다.

그러나 예수 이름으로 봉사하면 하나님께서 영광을 받으십니다. 그러므로 우리가 상대방에게 봉사하든지, 기도해주든지, 선물을 해주든지, 희생적으로 섬길 때도 예수 이름으로 해야 합니다. 내 이름으로 하는 것은 나를 자랑하는 것이요. 내가 영광을 받는 것이지만 예수님의 이름으로 하는 사람은 이렇게 말합니다.

"예수님께서 주셨으니 예수님께 감사하십시오."

사실 내가 누군가에게 무엇을 주었다면 그 모든 것의 근원은 하나님께 있습니다. 바로 하나님께서 우리에게 주셨기 때문에 우리가 그것을 상대방에게 줄 수 있는 것입니다. 그러므로 내 것은 아무것도 없습니다.

이제 우리는 예수 이름으로 모여야 합니다.

"두세 사람이 내 이름으로 모인 곳에는 나도 그들 중에 있느니라"(마 18:20)

주님의 주권을 인정하지 않은 모임은 잘못된 모임입니다. 우리는 주님의 이름을 높이기 위해서 모여야 합니다. 나를 자랑하기 위해서 모여서는 안 됩니다. 이제 우리는 예수 이름으로 성도들을 영접해야 합니다.

"누구든지 내 이름으로 이 어린아이를 영접하면 곧 나를 영접함이요"(눅 9:48)

이제 우리는 예수 이름 위하여 고난을 받아야 합니다.
바울은 예수 이름을 위해서 고난을 받은 사람입니다.

"그가 내 이름을 위하여 얼마나 고난을 받아야 할 것을 내가 그에게 보이리라 하시니"(행 9:16) "바울이 대답하되 여러분이 어찌하여 울어 내 마음을 상하게 하느냐 나는 주 예수의 이름을 위하여 결박당할 뿐 아니라 예루살렘에서 죽을 것도 각오하였노라 하니"(행 21:13)

이제 우리는 예수 이름으로 감사해야 합니다.

"범사에 우리 주 예수 그리스도의 이름으로 항상 아버지 하나님께 감사하며"(엡 5:20)

3) 하나님은 기대하지 않고 베푸는 사람에게 하늘의 상급을 주십니다.

"또 자기를 청한 자에게 이르시되 네가 점심이나 저녁이나 베풀거든 벗이나 형제나 친척이나 부한 이웃을 청하지 말라 두렵건대 그 사람들이 너를 도로 청하여 네게 갚음이 될까 하노라 잔치를 베풀거든 차라리 가난한 자들과 몸

불편한 자들과 저는 자들과 맹인들을 청하라 그리하면 그들이 갚을 것이 없으므로 네게 복이 되리니 이는 의인들의 부활시에 네가 갚음을 받겠음이라 하시더라"(눅 14:12-14)

그러므로 우리가 다른 사람을 대접할 때 부족한 사람들을 대접해야 합니다. 많은 것을 가지고 있는 사람에게 대접하는 것은 상대방이 도로 갚아주므로 하늘에서 상급이 없습니다.

하지만 어려운 사람을 대접하고 도와주면 그 사람이 갚을 수 없으므로 하나님께서 대신 상급으로 갚아주십니다. 그래서 뇌물이란 무엇이든지 되돌아오기를 기대하고 주는 것이지만 선물이란 무엇이든 기대하지 않고 주는 것이 선물입니다. 그러므로 우리는 선물을 주어야 합니다.

4) 하나님은 원수를 사랑하는 사람에게 하늘의 상급을 주십니다.

"그러나 너희 듣는 자에게 내가 이르노니 너희 원수를 사랑하며 너희를 미워하는 자를 선대하며 너희를 저주하는 자를 위하여 축복하며 너희를 모욕하는 자를 위하여 기도하라 너의 이 뺨을 치는 자에게 저 뺨도 돌려대며 네 겉옷을 빼앗는 자에게 속옷도 거절하지 말라 네게 구하는 자에게 주며 네 것을 가져가는 자에게 다시 달라 하지 말며 남에게 대접을 받고자 하는 대로 너희도 남을 대접하라 너희가 만일 너희를 사랑하는 자만을 사랑하면 칭찬 받을 것이 무엇이냐 죄인들도 사랑하는 자는 사랑하느니라 너희가 만일 선대하는 자만을 선대하면 칭찬 받을 것이 무엇이냐 죄인들도 이렇게 하느니라 너희가 받기를 바라고 사람들에게 꾸어 주면 칭찬 받을 것이 무엇이냐 죄인들도 그만큼 받고자 하여 죄인에게 꾸어 주느니라 오직 너희는 원수를 사랑하고 선대하며 아무 것도 바라지 말고 꾸어 주라 그리하면 너희 상이 클 것이요 또 지극히 높으신 이의 아들이 되리니 그는 은혜를 모르는 자와 악한 자

에게도 인자하시니라 너희 아버지의 자비로우심 같이 너희도 자비로운 자
가 되라"(눅 6:27-36)

하나님께서는 우리에게 원수를 사랑하고, 우리를 미워하는 사람을 선대
하고, 우리를 저주하는 사람을 축복하라고 말씀하십니다.

그리고 우리를 모욕하는 사람을 위해서 기도해주라고 말씀하십니다. 이
것은 불가능하게 보이는 일이지만 우리가 그것을 실천하면 하늘의 상급
이 클 것이라고 말씀하십니다.

나를 사랑해주는 사람, 나에게 잘해주는 사람을 사랑하는 것은 세상 사람
들도 다 할 수 있습니다. 죄인들도 다 할 수 있습니다. 그러므로 우리는 원
수를 사랑해야 하늘의 상급을 받습니다.

우리는 오직 하나님이 예비하신 하늘의 상급을 바라보며 살아야 합니다.
그리고 사도 바울처럼 하늘의 상급을 받기 위해서 전심으로 달려가야 합
니다.

당신은 무엇을 바라보며 살아가고 있습니까?